暴風雨の雨水浸入から建物を守る本

大塚義久 著

セルバ出版

はじめに

　自然災害による暴風雨被害と聞くと、ある特定の地域で発生する堤防の決壊などによる河川の氾濫などを思い浮かべ、自分にはあまり関係ないと思う方がほとんどだと思います。

　でも、実際には、暴風雨の影響により建物内に雨水が浸入し、後になってから、大きな被害であることに気づかれる方も少なくありません。一般的に雨漏りの原因は、建物の経年劣化や施工不良だと思われていますが、そのような経過がないのにもかかわらず、台風や豪雨のときだけ雨漏りするという事例は数多く存在します。年に数回程度しか発生せず、症状としては微量の水滴がたれるだけだからと、様子を見られている方もいます。

　しかし、こういった症状が長期化すると、確実に建物内に入る雨水により、建物の骨組みである構造体が腐って、取返しのつかない状態になってしまいます。

　このような台風や豪雨のときだけの被害は、今までは自然災害だから仕方ないと思っていた方も、今後は地球温暖化の影響もあって、世界的に暴風雨による自然災害の発生が増える可能性があり、〝仕方ない〟ではすまされない状況になりつつあるといえます。

　被害を未然に防ぐには、外壁や屋根の建物修繕において、いくつかの工夫を付け加えることで、暴風雨から建物を守ることができます。実は、そういった工夫の1つには、日本古来の建物建築にそのヒントが隠されていたのです。

古来の日本建築では、現在のようなアルミサッシもなければ、いわゆる防水材もない時代でしたが、建物の形状や様々な工夫により、建物を暴風雨から守り維持していました。それら先人の知恵を、現在の建物修繕に活かすことで、自然災害である豪雨被害から家を守る方法をお伝えしたいと思います。

私は、一級建築士として、建物建築を22年間と建物修繕を18年間の計40年間という長きに渡り、現場で実務を行ってきました。

多くの建物をこの目で見て、困っている方々の話を直接聞くことで、今までなら問題なかった建物でも、自然災害の1つである、暴風雨による雨水浸入という被害に実際にあっている方々が、意外と多いことに気づかされたのです。

これまで建物修繕を放置していたために雨漏りするのであれば仕方ありませんが、定期的に適正な建物修繕をしていても、台風や豪雨のときだけ雨漏り被害が発生する建物もあります。それも、建物修繕のときにいくつかの予防対策をしていたならば、防ぐことができたかもしれないのです。

これからの建物は、今までのような造りや建物修繕とは考え方を変えなければ、建物が本来必要とする防水性能を維持することはできないと感じています。

前著の『鉄骨と鉄筋コンクリート造建物修繕がわかる本』では、修繕の目的は建物の防水性能の確保であることを踏まえ、建物性能を維持する方法について詳しく書かせていただきました。けれども、昨今の気象現象を考えると、被害は今後も増える可能性があり、さらに暴風雨への対策は重要です。実際に発生すると大きな被害となります。しかし、事前に対策することは可能だと私は考えるのです。

ぜひ、本書にて暴風雨の被害から事前に建物を守る方法を知ってください。

本書を手に取っていただいた皆様へ

本書には、年に数回発生する大型台風やゲリラ豪雨などから、建物が受ける影響を防ぐための建物修繕について書いてあります。自然災害である暴風雨の被害から、建物を守るために役立つ情報です。

日本の建築技術は年々進化しています。品確法によって新築時から10年間の品質保証をする制度や、住宅ローンを組む場合に加入する火災保険や風災地震保険などによるサポートもあり、何かあれば自己負担なしに建物の修復がされるなど、安心して暮らせるようになりました。

ところが、長期的に建物を維持する目的で行う建物修繕は、個人の住宅であれば自分の責任で管理する必要がまだあります。

私は、建物修繕専門のリフォーム工事会社の経営をする中で、暴風雨の被害に遭って修繕を必要としている実在する建物を多く見てきました。そして、これらの建物は、大きく2通りに分かれていることがわかりました。経年劣化が進み、暴風雨が来たら確実に雨漏りするであろう建物と、適正な時期に建物修繕をしているのに被害を防ぐことができなかった建物です。

建物は、古くなると経年劣化し、いずれは屋根や外壁の建物修繕が必要となり、どこかの修繕工事会社に工事を頼むことになります。その際に、本書に書かれている、正しい情報に基づいて依頼することができれば、建物の防水対策へのリスクを回避することが可能となります。

せっかく建物修繕を計画するのであれば、近年増えつつある、暴風雨による建物への雨水浸入のリスク対策を行って、様々な気象条件での建物の防水性を確保していただきたいと願っています。

大塚　義久

2021年8月

暴風雨の雨水浸入から建物を守る本　目次

第3章 木造建物の修繕をする際の注意点

第4章　鉄骨建物と自然災害の関係

第5章　鉄筋コンクリート建物の修繕をする際の注意点

おわりに

第1章　暴風雨に強い建物とはどういう建物なのか

1　暴風雨災害とは

正確な情報はまだ伝えられていない

豪雨災害と聞くと、堤防の決壊による河川の氾濫や、ハザードマップに記載された特定の地域に発生する浸水など、自分にはあまり関係がないと感じている方もいると思います。

近年では、必ずといっていいほど、年に何度かではありますが、大型台風や局地的にゲリラ豪雨が発生しています。

これらの被害の多くは『浸水』で、泥水が室内に流れ込み、排水口からは汚水が溢れ出るなど、とても大変な状態となります。

このような直接的な被害である浸水とは別に、間接的ではあるが、私たちに大きな損害を与える被害があります。それが、雨水の侵入なのです。

自然災害を振り返ると

自然災害には、地震、津波、台風、豪雨、大雪、猛暑、噴火などがあります。

被害の大きさから見ると、地震による家屋の倒壊などを思い出す方が多いでしょう。確かに地震は、その規模や震源距離によって深大な被害となり、人の命に危険が生じます。家屋の倒壊はある意味人災ともいわれ、家の耐震強度が生死の分かれ目ともなります。

災害の発生件数で見ると、５年以上前は圧倒的に地震が多く、台風や豪雨は発生はあるものの、ほとんど災害というところまでのレベルではありません。

ところが、５年前から現在までを見ると、台風と豪雨は地震災害の2倍程度に増えています。直近になれば、さらに台風と豪雨災害の割合が多くなってきています。

この現状は、世界規模の気候変動が関係しているので、日本だけがこのような傾向ではないようです。数年間という早いスピードで変化が現れている現実を見ると、私たちも、「今まで大丈夫だったからこれからも大丈夫だろう」では、自然災害への備えができていないことになるでしょう。

すべてはリスク回避

自然災害による被害を防ぐには、どんな災害においても、事前の備えをする以外に方法はありません。

その備えとは、物理的なものはもちろんですが、気持ちの準備も大切です。実際に物理的な備えをすることによって、心理的な安心感となることもあるでしょう。つまり、事前の備えとは、まだ起こっていない出来事への不安に対してのリスク回避です。

人は、生活をする上で、様々なリスク対策を取っています。

例えば、予防接種や火災保険、非常食や非常用具なども、すべてまだ起こっていないけれど、起きたときの備えとしてリスク対策をしています。

このようなリスク対策は、強制的なことは全くなく、先々の危険を回避する目的で、自らが情報を得て判断し、コストを支払って対策しています。コストに見合う安心が得られる結果だと思います。もしくは、コストより安心の方が大きいかもしれません。

自然災害へのリスク対策には、代表的なものに地震保険や風災保険などがあります。発生の件数が増えるとリスクが高くなり、保険料も上がる仕組みになっています。ただし、保険に関しては、災害後の保証なので、事前の備えといっても、事後に役立つ受け身対策であることは否めません。

だからこそ、今からできる、本当の意味での事前の備えが大切になります。

それは、自然災害の中でも近年増えつつある、大型台風やゲリラ豪雨による建物への雨水侵入への備えです。

これまでは、大型台風やゲリラ豪雨などへの対策といっても、警戒警報を聞いて避難することや、特に建物に関する対策では、雨戸やシャッターを閉める程度ではなかったでしょうか。

ところが、実際には、暴風雨による雨水侵入への備えをすることが、建物にとってはとても大切で、長期的に見ると建物寿命にも大きく関係してきます。

このような話をすると、「確かに暴風雨への対策は大切だが、建物寿命まで関係があるのだろうか？」と、ちょっと大げさで過剰な考え方だと思われる方もいるかもしれません。

確かに、今まではそれほど大きな問題ではありませんでしたが、今後は必ず重要になってきます。

いえ、すでにそうなっているともいえるでしょう。

台風や豪雨の発生が、近年増加傾向にあることは間違いありません。けれども、それらへの対策は、ほとんど変化がありません。その理由は、暴風雨による雨水侵入は一見目に見えないので、多くの方が気づいていないだけだからです。

情報を得るチャンスはいくらでもある

世の中には、インターネットをはじめ、情報を得る方法がたくさんあります。

それらの情報は、すべての方々に同時に届けられているのではなく、情報が欲しい方が探すことで得られるようになっています。テレビニュースのように、見ている人全員に情報が伝えられているわけではないので、一部の方々から必要な方へと拡がります。

ここで私がお伝えしたいのは、暴風雨への建物対策という問題は昨日までの常識がきょうからは非常識になってしまうことや、きょうまでの非常識が明日からは世の中の常識となることが現実にあるのだということです。コロナウイルスの拡がりもそうだったように、今までの常識が通用しない時代になるかもしれず、いつどのタイミングで基準が変わるなど誰にもわからないのです。

残念ながら確かに言えるのは、台風や豪雨が近年増加傾向にあるものの、それらへの「事前の備えを建物修繕の際に行う」という考え方が広く伝えられていないことです。

何もしないという選択肢もありますが、先々の豪雨被害に対する「リスク対策」だと考えていただきたいのです。大きな災害でなくても、回数を重ねるごとに、被害は徐々に深刻なダメージを建物に与えるからです。

2 建物性能の変化

建物に雨水が侵入すると

大型台風やゲリラ豪雨が建物へ与える影響は、雨水の侵入から始まります。「雨漏り」と言わずに、「雨水の侵入」という表現としたことには、とても大切な理由があります。

それは、雨漏りとは、家主が危険な状態に気づいている状況であり、何らかの対処をすることが可能な状態です。一方で、ただ雨水が侵入しただけでは、ほとんどの家主がその状況に気づいていないのです。つまり、何も処理はされずにそのままということです。そして、雨水が建物に入っていることを発見するのに時間がかかってしまう、もしくは、発見することができないままということになります。

時間といっても数時間ではなく、数か月や数年という長い時間で、その間、建物には繰り返し雨水が侵入しては、内部構造に少しずつ浸込みを繰り返すことになってしまいます。

表面から異変に気づく頃には、木造であれば木材が腐り、鉄骨であれば鉄材がさび、鉄筋コンクリートであれば鉄筋がさび、いずれの構造であっても建物内部から建物がダメになってしまうのです。

外観からは判断ができない

私は、一級建築士として年間に１００件以上の建物調査をすることで、建物に発生する雨漏りに関する被害はいくつかに分類できることに気づいています。

先ほどの、家主が「気づいている」「気づいていない」の違いではありません。私に相談の連絡があった時点では、すでに異変に気づいている状態だからです。

実際に発生している被害の分類とは、次の３つです。

①　経年劣化により建物の防水性能が低下したことによる雨漏り。

②　施工不良があり建物の工事や材料の不備による雨漏り。

③　以上２つには何ら該当しないが、ある一定の気象状況のときだけの雨漏り。

この３つを詳しく解説すると、まず①の経年劣化は、いわば自己責任です。

維持管理を依頼していたのであれば管理者の責任ともなりますが、建物修繕を長年放置していたための結果でしょう。

②の施工不良は、工事会社の責任とはいえ、とても残念なことです。自己責任とまではいえませんが、その工事会社を選んだ責任は少なからずあるでしょう。

そして、③の一定の気象状況のときだけの雨漏りが、今回のテーマとしている問題となります。

その理由は、気象状況とはいわゆる自然が相手となるので、誰の責任でもなく、自らで防ぐ以外に方法がないからです。

地球規模の温暖化による気候変動

近年の気象の変化は、CO_2の影響による地球規模の温暖化が原因ともいわれていますが、はっきりとした因果関係は誰にもわかっていません。

1つわかっている事実をあげるとしたら、「年に数回は誰しもが被害を受ける可能性がある」ことでしょう。もう少し厳密に言うと、「被害を受けているが気づいていない」ことかもしれません。その理由としては、今までの気象状況であれば何ら問題がなかったとしても、このような地球規模の環境の変化により、これまでとは比べ物にならないほど、強風や大量の雨が短時間に集中して降る状況が頻繁に起こっている現実があるからです。

この数年で変化した気象状況がもたらした、天災なのかもしれません。

そして、これらがもたらす被害は、良心的な工事会社や、適正な時期に建物修繕をしていた家主でも防ぐことができず、誰の責任といえなくても、その被害を受けるのは建物の所有者になるのです。ただし、もし、被害を未然に防ぐ方法があったとしたら、知っていたか、知らなかったかでは、全く正反対の結果となります。建物に大きなダメージを与え、気づくことが遅れると、大きな損害を負うことになります。

建物を造る建築建材類は、技術や化学の発展に伴いどんどん進化しています。その結果として、建物が必要とする様々な性能がよくなってきた事実があり、過去の時代に建築された建物と比べると、耐久性や耐震性など、格段に向上していることはいうまでもありません。

【図表１　暴風雨は生活に大きな影響がある】

建物全体の防水性能の衰え

今現在の建物で1つだけ欠けている点があるとしたら、年に数回だけれど、確実にどの地域にも発生する今までには経験をしたことがない暴風雨や、短時間に大量に降る大雨などによる備えです。

「強風」「大雨」「短時間に大量」の3つの気象状況が重なることも、当然あるでしょう。それらの自然災害から建物を守ることは、自己責任ともいえます。

そして、私が強くお伝えしたいのは、これらの「豪雨被害」から建物を守る、建物修繕の方法があるということです。建物修繕は、ほとんどの建物で、10～15年程度の間に1度は行っていると思いますが、そのときに豪雨被害への対策を併せてすることで、未然に防ぐ対策を取ることが可能なのです。

このような事実は、取り上げられ問題視されることはほとんどありませんでした。その理由としては、自然災害で防ぎようのない、仕方ないことだと認識されてきたからかもしれません。しかし、これらの事実や状況が明らかになってくれば、今後建築される建物においては、様々な対策が施され、建物が造られることでしょう。

では、すでに建築されている実在する建物は、仕方なく諦めるしかないのでしょうか。いえ、そんなことはありません。定期的に行う屋根や外壁の建物修繕で、しっかりと対策をすることにより防ぐことが可能です。

建物の基本的な防水性能が、かなり高いレベルで備わってきているのなら、さらに何か別の対策が本当に必要なのだろうかと思う方も多いかと思います。

確かにこれまでの建物の防水性能は、気象庁に蓄積されている年間降雨量や時間当たりの降雨量や風量などのデータに基づいて、可能な対策がとられています。

しかし、この条件が変わってきているという現実を考えると、対策についても変えていかなければ、対策自体を放棄していることと同じになってしまいます。

3　気づくか気づかないかは自分次第

建てられた年代による違い

日本における建物建築は、建築基準法という厳しい基準による決りが設けられています。建設業許可を得て建物建築を行っている会社であれば、その基準を満たした建物造がされているはずです。

では、どんな点に問題があるのかというと、建物はあくまでも築年数に応じた、過去の時代の技術や建材類で造られているという事実です。

築10年なら10年前、築20年なら20年前、築30年なら30年前の建築知識により建てられているので、現在建築されている新しい建物と基本構造にはそう大きな違いはなくても、使われている建材類は少しずつ変化をしています。そのため建物修繕をする際は、わざわざ建築当時に使用されていたものと同等の性能の材料を用いるのではなく、新しい性能機能を持った材料を使うことになります。

耐久性能を強くするだけでは暴風雨対策にはならない

具体的にいうと、現在ある建物の形や納まりに関してはそのままで、表面には新しい仕上材料を塗ったり貼ったりするということです。

車でたとえるなら、車検のときに、外観の傷などの補修をして、劣化や性能が低下した部品を交換し、コーティング仕上げをするようなイメージです。つまり、基本的な性能は変わっていないことになります。

これがもし家ならば、気象条件の変化への対策として性能の高いコーティングを塗ったり、防水性能の高いゴムパッキンに交換したりするだけではダメなのです。

強風で吹き込まないようなカバーをドア窓の上部につけるとか、ついているのであれば強風で吹き飛ばないように固定をもう少し強くするなど、全体の防水性能を隅々まで高める必要があります。

修繕時期を迎えている建物の建築当時の気象条件としては、現在のような台風や豪雨はあっても、頻度でいうとここまで多くはなかったのではないでしょうか。

そして、平成以降に建築された建物に使用されている窓サッシも含め建材類などは、現在使われているもののほうが防水性能も含め多少優れているとはいえ、さほど大きな性能の違いはないと思います。

ということは、性能に頼っている建物形状をしているので、形状や納め方を変えるか、さらに必要な部位の防水性を確保することが、現在の気象状況の台風や豪雨への対策となるのです。

修繕の費用対効果

外壁や屋根の建物修繕をする目的は、美観を回復するのは当然ですが、本来の目的は防水性能を確保するためです。防水性能と一口に言っても、建物は様々な部位による材料の組合せから造られているので、部位ごとの防水性能を回復維持することが必要です。

屋根であれば、屋根材である瓦やコロニアルやトタンなどの性能維持や、内部にある防水シートなどの防水性能なども含まれます。

外壁であれば、モルタルやサイディングなど、外壁基材の防水性能を維持する目的である塗装や窓周りのシーリングによる防水性能などがあります。

これらの総合的な防水性能維持に関する目的と修繕工事費用とのバランスがとれているかは、工事を依頼する際には客観的に判断する必要があります。

これはどういうことかというと、例えば、建物修繕費用は少し安く済むけれど、建物の防水性能に関しては１００％網羅されず、一部足りなかったとします。

その後、普通の雨なら問題はなくても、大雨が降ると雨漏りするとしたら、その一部足りない部分によって、本来の目的が達成できていないことになるのです。

ここで、雨漏りという表現を雨水の侵入と言い換えると、このような事象は明らかに増えます。室内に雨水が浸み出ないので、家主が気づくまで時間がかかったり、あるいは全く気づかなかったりして、わかったときには被害が深刻な状態になっていることが少なくないからです。

今までの修繕履歴

建物修繕は、建物が存続する以上、必要なタイミングで何度か行われるものです。けれども、次に行う建物修繕までの長い時間の経過により、前回どの部分をどのような材料で、どんな工法で修繕をしたかなどの記録や記憶がないことがほとんどでもあります。

年数が経過しているとはいっても、専門家が見れば問題ないのでは？　と一般的には思われるかもしれません。しかし、どうしても様々な状況から、表面からは判断ができない場合があります。次に行う修繕との相性に関係することがあるので、なるべく記録しておくことをおすすめします。

もし、今まで記録していなくても、修繕履歴は情報の優先度としてはそんなに高くはありませんし、ないものを過去に戻って保管することもできませんから、そんなに気にする必要はありません。

ただし、修繕工事をする工事会社側の立場では、気にしなければいけないことで、情報優先度は高くなります。表面から判断できない下地の処理や、必要性のある部分の交換などについて、今回の修繕に含むか省くかの判断につながるからです。含めればコストは上がりますが、必要であるにもかかわらず省いてしまえば、未完全な修繕をしたことになってしまいます。

次回に備えて、今回からでも修繕内容をしっかり履歴として保管しておけば、修繕が必要となったときに役立てることができます。保存するものとしては、仕様書（修繕の材料や工法を記録したもの）、提案書、見積書、写真などがあれば十分でしょう。

もしくは、15年先に建物修繕をするとしたら、こんなことが予測できますというような、未来の修繕の仕様書をつくってもらうのも1つの方法ではないでしょうか。

その未来の修繕予測は、全く意味のないことではありません。それは、今回の修繕工事の仕様書の工法や材料によって、未来の修繕費用に違いがあるなら、その違いを知った上で工法や材料を決定したほうがいいからです。

4　建物をよく見るとわかる

建物の水平面と垂直面の防水性能の違い

建物を四角い箱に例えると、雨水が直接的にかかる部分は上部の屋根となり、間接的に濡れる部

【図表２　横から吹き付ける雨に無防備では】

分が側面の壁面になります。

上部の屋根面は、直接的に雨水がかかるので当然ですが、建物構造としては完全な防水性能があります。屋根材メーカーも、様々な気象条件においての耐久テストをしているので、よほどの施工不良や長期間の放置による劣化がなければ、雨水が侵入しない構造となっています。

一方、側面に当たる壁面に関しては、屋根に比べると直接的に雨水がかかるのが少ないことと、垂直面であることから、雨水がたまることなく流れ落ちるので、雨水の侵入リスクは屋根より低いと考えられています。

そのため、仮に建物を90度横に倒して、壁面が上部水平面になったとしたら、雨が降れば様々な箇所から雨水が建物内に侵入することでしょう。当然といえば当然です。建物の防水性能に関しては、そのような概念で建物が造られていないからです。

でも、皆さんご存知のように、台風やゲリラ豪雨では、大量の雨が横から吹きつけてきます。それも、頻度と程度が多くなっているという事実を見ると、壁面からの雨水の侵入リスクを極力少なくしたいと考えるのは当然のことだと思います。

どんな箇所が危険なのか

では、どのような箇所に、そのリスクがあるのでしょうか。

壁面には、当たり前ですが窓があります。窓は、壁に開けられた四角い大きな穴というように言い換えることができます。四角い穴といっても、窓にはアルミサッシなどの、気密性の高い製品が取りつけられていて、しっかりとした防水性能が保たれています。

ところが、このような性能の高いアルミサッシは、登場してからまだ50年あまりで、それ以前は木製窓に木製雨戸が主流でした。窓そのものの防水性能が低いがゆえに、直接雨水がかからないよう、ひさしなどをつける工夫がされていました。

私が子どもの頃には、台風がくれば、室内側に雨水が浸み出さないように、タオルや新聞紙などを置いて防いでいました。また、雨水が浸み込んでしまった部分を後で見分けて、風通しのよい状態にして乾燥させるなど、父親が対処していたことを思い出します。

昔の貧しい時代は、家のちょっとした修繕は父親が休みの日にやっていて、子どもながらに大変なんだなあと感じていました。

現在の住宅は、工場生産された材料を現地で組み立てて造られています。昔ほど単純構造ではないので、不具合があってちょっと直そうと思っても簡単ではないでしょう。組み立てられた材料パーツを交換したり、パーツごとの接続や取りつけ設置を強固にしたり、それには専門的な工具などを使う必要があったりと、昔のように、父親が日曜大工ですべてを対応するのは、難しいのかもしれません。

目視で確認できる部分もある

実際に自分で直すことは難しいかもしれませんが、雨水が侵入していそうな箇所を見つけることは可能です。

雨水侵入は、すべて表面からです。いきなり内部に飛び込んでくることはありません。また、外壁建材といえども、雨水の侵入により水分が吸収されると、健全な乾燥部分と違い、少しだけ濡れ肌になります。正常な面と比べて色濃く見えたり、くすんだ色に見えたりすることがあります。しかし、時間が経過すると、表面は徐々に乾燥してしまいます。内部に浸み込んではいても、表面に異常が判断できない状態となるので、目視での発見は雨がやんだ少し後のときだけになります。場合によっては、時間が経っても雨染みとなって痕跡が残ることもあります。

雨染みが出る箇所としては、どちらかというと雨水の侵入口ではなく、侵入した雨水が壁の内部を通過して、最終的に建物の外部に出た箇所のほうが多いでしょう。

例えば、軒天井といわれる外部にある天井などをよく観察すると、雨染み跡を発見することがあります。明らかに、どこからか侵入した雨水が、最終的に辿り着いて出てきた証拠です。

普通の雨では影響がない箇所

壁面には、窓以外にも様々な穴が開けられています。それらは、生活に必要な設備機器類のライフラインなどで、必ずといっていいほど雨水侵入リスクの高い箇所といえます。

例えば、換気扇の排気口や、エアコンの冷媒配管ルートの壁貫通孔や、給湯器への給水給湯配管などです。

これらのライフラインには、室内と屋外を配管でつなげるために、壁面に穴が開けられているのです。そのような穴には、当然のことですが、雨水が入らないような防水処理がされています。屋外の配管類は、必ず下向きのルートを取ることで、配管伝いに穴から室内へと雨水が入らないような構造としています。ところが、実際には、このような壁貫通孔からの雨水侵入が確認されています。これからは、それらの構造を変える必要性があるかもしれません。

建物を90度横に倒した状態でも、雨水が侵入しない状態にするとまではいいませんが、長時間の大量の雨水が横風で吹き込んでも影響がない構造とすること程度は必要なのではないでしょうか。でも、それには、家主が必要性を感じるか感じていないかで大きな違いが生じます。人は必要性を感じなければ行動しません。

ましてや費用まで余分にかかるとなれば、尚更だと思います。まだまだ必要性を感じていないということは、逆にいえば、このような事実が適正に伝えられていないということが原因ともいえるでしょう。

5　建物構造の種類によっても違う

建物構造の状態を知る

現在、住宅として存在する建物構造は、大きく分けると、木造・鉄骨造・鉄筋コンクリート造に分類することができます。

これら3種類の構造は、使われている材料だけではなく、建築されている工程や組み立てられ方にも違いがあり、建物全体の防水性能への対策にも違いがあります。

また、骨組みとなっている構造部材においても、雨水の侵入で受ける影響により、起きる症状について違いがあるので、それぞれの特徴を知る必要があります。

しかし、長期的に見ると、構造体や雨漏りでの症状が違っていても、構造体そのものに与えるダメージとしては同様に、腐ったりさびたりして建物がダメになってしまうので、防水の重要性についてはどの構造においても高いものになります。

木造建物の構造は、他の2種類の構造建物に比べると、工事をする職種数は少ないので、防水性能についてはどちらかというと理解しやすいかもしれません。

鉄骨・鉄筋コンクリート造のほうは、建築するときの職種数も多く、複雑な工程を経て造られているので、一般の方が理解するのは難しい面があるでしょう。

これらの建物の設計と工事をする資格者の範囲も、木造建物なら二級建築士で、鉄骨・鉄筋コンクリート造建物なら一級建築士という違いもあるので、難易度が高いということがわかると思います。

建物構造ごとの性能の違い

それぞれの建物は、その構造ごとに、性能についても違いがあります。

一口に性能といっても、耐震性能、耐風圧性能、防水性能、耐久性能、断熱性能など様々な性能があり、一概に比較して、どの構造が優れているとか劣っているとはいえない部分があります。

例えば、建物にとって重要な何年の耐久性があるのかという問題についても、今までは、木造は30年で、鉄骨・鉄筋コンクリート造は60年といわれていました。

これは、税法上の償却年数を目安にして、一般的にいわれてきたことで、実際には建物所有者の維持管理の仕方によって、木造建物でも40年、50年と長持ちも十分にするし、鉄骨・鉄筋コンクリート建物でも強固に造られているという過信から何の維持修繕をしなければ、無条件で60年の耐久性があるとはいえません。

このように、どの構造においても、維持修繕が関係することはご理解いただけたと思います。

そして、建物の維持修繕をする目的で共通していえる重要なものが、「防水性能」なのです。

建物は、当たり前ですが、屋外にあって室内とは比べものにならないほどの過酷な条件にさらされており、少しでも隙間や穴があれば、容赦なくそこから雨水が内部構造に侵入して悪さをするからです。

建物の屋根や外壁は、雨水に対しての防水性能がありますが、建物内部の構造体は防水性能がなく、水分に対して弱いので、外側の屋根や外壁で完全にガードする必要があります。

鉄筋コンクリート造と鉄骨造の特徴

各構造材である木材・鉄骨・鉄筋・コンクリートには、それぞれ特徴がありますが、コンクリートにだけ、他とは違う耐水性があります。

コンクリートは、正常な状態であれば水分を通さず、水分によって腐ったり、強度が低下したりすることはありません。また、適正な湿潤状況下では、年数が経つほど強度が高くなる特性もあります。

ということは、一見、鉄筋コンクリート造は、無敵な構造のようにも思えますが、正常な状態という条件においてということと、内部に鉄筋が入っていることを忘れてはいけません。コンクリートと鉄筋は、互いの特性で補い合うことで、鉄筋コンクリート構造となっているのです。

ここで正常ではない状態とは、コンクリートにひび割れが入ってしまった状態のことをいいます。

いくら耐水性があるといっても、割れや隙間があれば、そこから雨水が入ります。もし、内部にある鉄筋まで到達すれば、鉄筋がさびて膨張し、コンクリートの一部を破損してしまいます。

そして、鉄骨造の構造的な主な特徴は、強度と柔軟性です。

木構造も柔軟性がありますが、強度という面から見ると鉄骨のほうが有利であり、一般的に建築されている建物を見ると、木造建物なら3階建てまでなのに対し、鉄骨造は3階以上6階建てまであります。

鉄骨造は、柔軟性が高いがゆえの問題点もあります。それは、構造体である鉄骨の柔軟性が高いことに対して、外装建材には柔軟性がないことです。

つまり、地震の揺れに対し、鉄骨は動きに追随しても、外装建材は動きに追随しないのです。そのため、外装建材に割れが入ってしまうという結果になります。

一般的に多く利用されているＡＬＣといわれる厚さ１００㎜の軽量気泡コンクリート製品も同様です。外壁面に発生したクラックは、内部まで貫通しているので、放置すればそれは雨水が侵入することを意味します。また、鉄骨は、表面がさびるという特徴があります。

木造建物の特徴

木造建物が他の構造建物と大きく違う点は、鉄骨、鉄筋コンクリート造の建築過程では様々な専門職種の方々が分担して建築するのに対し、木造は柱、梁、床、壁、屋根などの主要な構造部分のほとんどを大工さんが工事を行うところです。

つまり、鉄骨や鉄筋コンクリート造のように、各専門職種を調整する現場管理者がいらないということになります。結果として、各専門職種間での調整や、次の職種に受け渡す状態の違いによる不具合などが発生しにくいといえるでしょう。

また、他の構造建物では、工場加工が多く、現場加工があまり適していませんが、木造建物では現場加工がしやすいという特徴もあります。細部の納めや加工がしやすいので、工事期間についても、他の構造建物と比べて短いという点もあります。

欠点としては、外装材であるモルタルやサイディング等の建材類が、15～20㎜程度と薄いことです。耐火性能はあるけれど、施工性とのバランスもあって、他の構造建物と比べると強度が劣るので、外装建材を保護する意味でも、定期的に塗装の塗替えなどが必要となります。

6　防水材料の進化

建物の壁内部には空間がある

建物には構造的な違いだけではなく、構造強度とは関係なしに、建物構造内部に空間がある建物とない建物があります。

・鉄筋コンクリート造：構造内部に空間なし

・鉄骨造：構造内部に空間あり
・木造：建物内部に空間あり

それぞれに空間がなぜ存在するのかは、また別の章で詳しく説明することにしますが、空間内部には断熱材が入れられていたり、配管スペースとしたりして、それらのスペースは有効に活用されています。

ただし、問題点もあります。それは、外壁面から何らかの原因により雨水が侵入すると、その空間が雨水の通り道となって、雨水が侵入したところから離れた部分まで流れてしまうことです。離れたところにまで雨水が流れ込むということは、別の言い方をすると、入口が原因で出口が結果だとしたら、原因と結果の因果関係が非常にわかりにくくなってしまうのです。

結果として、発見が遅れる、もしくは発見できないまま、被害の状態が悪化してしまうことになります。

また、壁内部に入った水分は、内部の断熱材などが吸収し、1度吸収した水分は内部の閉じられた空間では乾燥しにくいため水分としてとどまり、構造体である鉄骨や木材を腐らせることになります。

建てられた年代により使われている防水材が違う

現在建築されている建物には、様々な防水材料が使われています。

建物の歴史を振り返ると、２００年前の江戸時代の頃、まだ日本に西洋文明が入ってくる以前の建物に使われていた防水性のある材料といえば、樹木の樹脂からつくられる漆や、消石灰に海藻などを混ぜた漆喰《しっくい》などでした。

現在使われている、いわゆる石油系からつくられているアスファルト系やウレタン系の防水材料と比べると、性能的には低いです。

漆喰などは、現在でも使われていますが、防水機能材料というより、瓦屋根の面戸といわれる隙間の部分の埋めや、古民家や神社やお寺など、古代建築の外壁などに利用されています。ですが、漆喰だけの防水性能に頼って建物が造られることはなく、必ずその内側には本来の防水性のある防水材で、建物に雨水が侵入しない構造となっています。

人が生活をする上で大切な建物においては、過去の時代も現在も、雨水を建物で防いで生活をしていることには変わりありません。その時代時代で存在する材料で、建物の防水性能を保っていたといえるでしょう。

そう考えると、近代化した防水材料が存在するにもかかわらず、現在の住宅でも雨漏りに関する苦労が多いことは、建物構造にも関係があると考えられます。

西洋文明が日本に入ってきてからの１５０年間においても、建物性能は進化し、現在に至っています。

日本は、明治・大正・昭和と、近隣諸国と戦争を繰り返した歴史があり、国民の多くに犠牲者が

【図表３　暴風雨対策をしないと大変なことになる】

出たことは、学校の歴史の時間に学んだとおりです。

また、終戦後の焼け野原となった日本は、急速な経済的回復や発展をし、この過程で様々な建築物が建てられ、建築技術も向上してきました。現在の建築技術は、海外建築技術の影響を大きく受けているといわれていますが、現在日本で一般的に多く建築されている、在来工法という木材を主構造として造られる建物は、日本古来の竪穴式住居に見られ、それは木材で柱を立てて桁や梁をかけた構造としています。

過去の歴史から振り返ると、時代の進化するスピードが速くなっているように感じる一方、伝統といわれる木造建築技術は、現在まで伝承されて来たといえるでしょう。

今後の建物修繕で自然災害に対する備えが必要

現在の建築物は、建築基準法という国の法律により、様々な基準が定められ造られています。

ただし、建築基準法は、建物を造る際の最低限の基準なので、防水性能に関しても、建物に最低限必要な性能を備えられるもので、そこから高い性能に関しては、設計者や工事会社の判断により差が生まれています。

そのため、建物の防水性能に関しても、同じ年代に建築された建物でも違いがあり、一口にその基準の違いについて、比較することが難しいのです。

１つの例えとして、建物には端末に当たる部分に、金属で傘をかぶせる形で建物に雨水が直接かからない構造としている笠木という部分があります。

この笠木自体の性能は同じでも、笠木に対する考え方には２通りあり、笠木により完全に雨水が防げるという考え方と、笠木と建物の隙間から雨水が吹き込む可能性もあるという考え方があります。

この２通りの考えには、大きな違いがあるので、当然、現場での対処方法も違ってきます。一方では笠木のみで防水性が完結していますが、もう一方では完結していないので、笠木下部においても何らかの防水処理をする予防策がされています。

暴風雨対策は建物寿命に関係する

それぞれの時代や建築時の考え方の違いにより、建物の造り方や考え方にも違いがあることがわかってきました。

その違いが、建物寿命にも関係の深い防水性能についても影響を与えているのであれば、性能が少し足りない建物ならば、建物修繕のときにそれらの性能を付け加えればよいのではないでしょうか。

このところ、毎年のように各地で自然災害による被害が出ています。

自然災害といっても、一定の地域で発生する可能性がある河川の氾濫や地震による津波などではなく、どの地域でも発生する危険性がある暴風雨による建物への影響を考えたことはないでしょうか。

台風や豪雨による被害は、ここ数年間で増えているので、これら暴風雨による建物への雨水侵入の問題はこれから増えてくることが予測されます。過去にはあまり見なかった、豪雨による建物被害の実例も増えています。

例えば、通常の雨では何ら問題はなくても、強風を伴う大雨や、短時間に大量に降る雨のときにだけ発生する雨漏りなどがあります。

このようなケースでは、初めのうちは年に数回だからとあまり深刻に考えてはいなくても、回を重ねるごとに不安が高まり、徐々に建物の状態にも変化が現れて、最終的に、もうこれ以上そのまま放置することは危険であると判断するに至っています。

また、頻繁ではないので、気づきにくいということもあるのかもしれません。

第2章　建築基準法による建物建築の決りと自然災害

1　建築確認を受けた建物は自然災害に強い？

建物建築の基準は確認申請で確認している

建物は、建築される前に行政機関に設計図を提出し、建築基準法に適合しているかの審査を受けます。その審査請求のことを確認申請といいます。

確認申請に必要な設計図面は、実は建築工事で必要であるすべての図面ではなく、建築基準法に適合しているかを見極め判断ができる程度の資料となっています。

面積や高さなどが、基準内に納められているかの数値確認や、防火的な構造性能など、最低限の基準を満たしているかがわかる程度になります。そのため、建築工事をする上での性能や仕上詳細については、後に検討し作成します。

つまり、建物を建築する上での行政への申請内容には、建物が継続的に存続する上で重要な耐久性能における防水性能の持続性については考慮する必要はありません。

それらの建物にとって先々に重要となる建物寿命に関する性能は、国が定める基準にはなく、個々の設計者や工事会社の判断となるのです。耐久性を高めるにはコストもかかるので、そのコストを負担する建物所有者の最終的な判断にはなりますが、判断の違いによって、先々に負担する必要が生じる修繕コストとの関係が、金額面でどの程度の差が出るのかは知っておくべきでしょう。

このように日本の建物建築は、建築基準法により守られていることがわかりましたが、建築基準法は、私たちの建物建築における構造的に安全であるという「権利」を守ってくれるためのものでもある反面、規制をかける法律でもあります。

それは、建物建築をする上で、その様々な規則に従う必要があり、地域ごとに土地に対する制約があって、「家をもう少し広くしたい」「部屋を増やしたい」など、敷地に充分な余裕があったとしても、家主の要望どおりにならないことも多々あるからです。

そこで、身勝手な家主は、確認申請を受けた後、その図面にはない部分を建築したり変更したりして、許可を受けた建物とは違う建物とする方もいます。

当然、そうした建物建築には、家主だけではなく、工事をする工事会社も存在しますので、厳密にいうと共犯ということになってしまいます。現在では、このような違法行為には厳しい罰則があるので、行われることは少なくなりましたが、過去に建築された建物は、現在でも存在しています。

ただし、これらの建物は、不適格建築物と見なされ、不動産市場での価値は適合建築物より評価が低く、売買をする際には、購入者も一般融資が難しいので購入をためらい、建物として売り物にならないという不利益を負うこともあります。

完了検査は建築主のモラルである

建物建築では、確認申請は工事前に許可を得る仕組みがありますが、もう1つ、工事が完了した時点で行う確認業務があり、それが「完了検査」です。

この完了検査は、建物建築が確認申請どおり建築されたかについて完成した後に行う検査になります。確認申請後に違う形に造った建物では、当然この完了検査は受けていません。現在建築されている建物では、完了検査を受けるのは当たり前となっていますが、過去に建築された建物では、強制ではなかったので受けていない建物もありました。

以前は、あまりメリットが得られないと考えられていたというのもあるでしょう。なぜなら、完了検査を受けると、「検査済書」という書類が発行されますが、この検査済書を必要とするところは1部の金融機関であり、必要としない金融機関がほとんどだったからです。

家主からすると、別に確認申請どおりの建築をしたのであれば、違反建築もしていなければ何ら問題がないので、後々にそれのあるなしで困ることがなかったのです。

自然災害に強い修繕はお金をかけるだけでは解決できない

ここまで聞くと、最終的な完了検査を受けても何もメリットはないようにも思えますが、実は、完了検査は、別の意味で建物建築をする上では品質確保をする大きな要因となります。

特に建物規模が大きくなると、工事の進行過程の中で、完了検査だけではなく、中間検査という途中経過での検査も存在します。

中間検査では、躯体構造を造る過程においての検査が主で、完成してからでは見ることができない部分を、確認申請時の構造と適合しているかなどの検査までしっかりと行います。

鉄筋コンクリート建物では、躯体内に入れられている鉄筋の太さや本数、つなぎ部の長さやコンクリートかぶりに関する部分まで検査を行い、不適正なところがあれば再検査、または手直し報告書で改めたことを確認しなければ、工事を進めることさえできません。

つまり、完成検査を受けるというゴールがあることで、建築過程における様々な品質が担保されるというメリットが発生するのです。

私も、これまで官民様々な多くの建物建築をしてきましたが、確認申請を受けることは当たり前でも、完了検査は受ける場合と受けない場合がありました。それらは、家主や建築会社の都合であったり、理由は様々です。

工事をする側からすると、やはり完了検査を受ける建物建築の場合には、受けない建物に比べると、いろいろなところで気の使い方にも違いがあったような気がします。建物建築をする上で、完了検査を受ける受けないで品質に違いがあってはいけませんが、受けることにメリットがあることは事実です。

完了検査を受けていればすべて安心できるのか

冒頭でも話しましたが、建築基準法はあくまで建物が法律の枠組みの中に当てはまっているかどうかで、それ以上の性能を求められ備えることを必要としていません。

現在すでに建築されている建物において、不足している部分を補うことを必要とするならば、建築基準法を守って建てられているだけでは足りないことがあるのです。

それは、将来的に必要となる、あらゆる気象条件下における建物の防水性能になります。

実は、建築過程において、この防水性能に関しては、設計者がつくる「設計図書」に、大きく影響を受けているという事実があります。建築工事では、設計図に基づいて工事金額を算出し、請負契約をしてから建物建築を行います。設計図にない部分については、設計や仕様の変更で追加工事の対象となり、それらを無償で工事する会社はありません。

明確に設計上に誤りがあり、完成後に明らかな不具合や問題が起こる可能性があれば、当然ですが、進行過程で協議の上、軌道修正を行います。そのため、大きな影響がないことに関しては、そのまま工事を進めて完成に至るのです。

2 建物を建築する際の決り

建築基準法は建物を造る最低限の決り

建築基準法は、昭和25年に、国民の生命・健康・財産の保護のために建物における様々な基準を定めた法律になります。

では、建築基準法が定められる前は、何の規制もなく勝手に建物建築ができたのでしょうか。昭和25年以前は、市街地建築物法という建物建築に関する法律があり、同様に建築用途に関する地域規制や高さ制限や道路幅に関する規制がされていました。

それらの建物建築における法律も、改定が少しずつ行われ、現在の建築基準法ができましたが、ここに至るまでにはやはり様々な改正がされています。

例えば、皆さんの関心が高い耐震基準に関しても、１９８１年に、それまでの耐震基準よりも厳しい新耐震基準が設けられました。

そのため、基準を満たしていた建物も、１９８１年を境にそれ以降に建築された建物は新耐震基準を満たしていて、それ以前の建物は耐震基準を満たしていない建物という位置づけになったのです。今から約40年程度前のことになりますが、その当時私は建築業界に入ったばかりの頃で、改正前後のことはよく覚えています。

なぜかというと、普通に考えれば、新耐震基準で建築したほうが先々の地震に対するリスク対策となるところを、その時期に建築された建物の建築主の意識では、コストが高くなるという理由で新耐震基準に代わる前の駆込み需要があったのです。

それまで合法であった基準で建築することにメリットを感じて、新耐震基準で建築をすることをコスト的な面からデメリットと感じたのでしょう。

この考え方は、今思えばその当時のその瞬間だけといってもよいくらい妥当性に欠けた考え方だったと感じてしまいます。

それは、時間が経つにつれて新耐震基準が常識となり、それまでの常識は旧耐震基準という、古く、基準に満ちていない建物という認識が標準的な考え方になったからです。

建物修繕をする際の決り

建物修繕に関しては、新築時と違って、建築基準法または他の法律基準にかかわる決りは特にありません。

規模が大きくなって、主要な構造部を変更したり面積を増やしたりする場合には、新築時と同等に手順を踏んだ確認申請が必要となります。つまり、ここでいう建物修繕とは、構造変更や面積増加がなく形を変えない修繕についてであって、確認申請等の届出が不要ということです。

ただし、修繕には届出がいらないからといって、何の規定もないのかというとそうではありません。修繕工事は、建築という概念には当てはまりませんが、工事をすることには変りないので、建築工事における改修工事標準仕様書という、修繕工事をする上での材料や工法を判断する決りがあります。この決りは、公共工事における基準書となっていますが、民間工事においても重要な部分は変らないので、参考にして準拠するとよいでしょう。

元の状態に戻すだけでは意味がない

建物修繕の目的は、建築後年数が経って古くなった劣化部を回復または修復することと考えられています。この考え自体は正しいのですが、欲をいえばもう少し付け加えてほしいことがあります。それは、建築された当時の状態に回復または修復するのではなく、現在必要とされる状態に回復または修復するということです。

「現在必要とされる状態」とは、例えば、耐震基準の法改正以前に建築された建物がそれ以降に建物修繕をするとしたら、あえて古い基準のままとするのではなく、新たな基準に合った建物状態にすることです。

防災の意味でも、可能なら検討して、必要であれば選ぶことで、建物を地震に対する先々のリスクから守ることが可能となるのです。

この耐震性能に関しては、建物性能の1つである耐震についてのたとえですが、ほかにも様々な建物性能で同様の考え方ができます。

その1つが、近年増加している豪雨に対しての防水性能です。今までは必要とされていなかったものが、気象状況の変化で必要となる性能があったら、あなたならどうしますか。建築された頃の、過去の性能に回復する修繕としますか？　それとも現在必要とされていて、今後はすることが当たり前となっていく性能を得るための修繕をしますか？

自分の家の情報をもっとよく知る

このような判断をいきなり迫られても、考えたことがないからわからないという方がほとんどではないでしょうか。

もう少し正確にいうと、自分が所有する建物の情報が、正しく得られていなかったのかもしれません。

建物は建築された時期により、それぞれの性能に違いがあります。時代の変化に応じて建物も進化しているからです。

建築基準法のような法律の改正は、建物建築に関する最低限の基準や性能に対してだけなので、現実に必要とされる変化への対応が足りなければ、自然摂理に伴い、法律以前に性能の見直しが、人の生活レベルにおいて改善されていくのです。

建物修繕における現在必要とされる性能については、事前にそれらに対しての最低限の知識が必要となることは当然です。

家は、自分が所有する上で最も高額な財産です。それなのに、そんな大切な建物に関する情報を、自らの努力を怠って工事の依頼先にすべてを依存しているとしたら、それは完全に自己責任を放棄していることになります。

建物構造の違いはありますが、建物に関する正しい情報が不足していて、一般の方々に届けられていないという点があるのかもしれません。

そのような点から考えると、私たち建物建築をする側の立場としても、まずは建物における基本情報をわかりやすくする必要があるでしょう。

【図表４　建築基準法には何が書いてあるのかな】

３　建築基準法には何が書かれているのか

建築士法、建設業法、宅地建物取引業法

建築基準法は、簡単に言うと、建物を造る上での敷地や構造や用途などについて定めた基準です。日本の法律の１つですが、他にも、同じ建築に関わる似たような法律があります。

建築物の設計や工事監理などを行う、建物建築をする上で必要な技術者の資格を定めた「建築士法」というものがあります。建築士法は、建築士が行う業務の適正化や、建物建築の品質向上などを目的とする法律です。

他にも、建物を造る建設業としての、工事をする者の資質の向上や工事の適正化を図ることが目的である「建設業法」があります。建設業法は、建築工事を依頼する際に重要な請負契約の適正化や、適正な施工を確保する目的などもあり、工事を依頼する側が工事契約後にトラブルにならないための、対処方法などについても記載されています。

また、建物建築とはあまり関係がない、宅地と建物の取引の公正を確保する目的である「宅地建物取引業法」などもあります。宅地建物取引業法では、建物の取引についての内容が主になり、一見建物建築とは無関係とも思えますが、敷地の条件や実在する建物の状態による建物の価値や評価が関係しています。

建築基準法・施行令・施行規則・関係告示、消防法

建築基準法は、建築法規の基本的な法律ですが、その中身はいくつかの専門的な内容に分類されています。その中でも特に建物建築をする上で直接関係性が深く重要なものに、建築基準法施行令や、建築基準法施行規則や建築基準法関係告示があります（以下、施行令・施行規則・関係告示とする）。

施行令には、「施工＝工事」のとおり建物建築工事をする上で必要なありとあらゆることが書かれています。例えば、建物面積の測り方の基準や建物の高さの算定方法など、法律で定める基準の元となるとらえ方などです。また、建物構造に関することとして、居住をする上での明るさを確保するための採光に必要な開口面積や、居室の防湿や遮音構造に関しても記載があります。

さらには、建物構造の防火性能に当たる耐火構造・準耐火構造・防火構造・防火区画など、火災時に建物を燃えにくい構造とする建物の規模や用途の違いによる規定も記載があります。

火災が発生した際に発揮する性能には、建物内部に延焼が広がらないようにする内部構造の部分と、建物外部からの延焼を防ぐためのものの2通りがあります。これらの防火に関する法律は、消防法とも関係性があり、双方ともの基準を満たす必要があります。

消防法は、建物構造側から建物火災を防ぐのではなく、火災側から建物を守る見方をした法律です。例えば、隣地で火災が発生した場合における「延焼のおそれのある部分」というように、建物にとって火災時に外部からダメージを受けやすい部分について、階数や隣地境界からの距離を明確に示し、それらの範囲に該当する開口部の防火性能についての基準を設定しています。他にも、万が一火災が発生した場合の避難経路や、延焼を広げない目的の防火扉や、内装材料に関する制限などの決まりもあります。

つまり、予防対策と延焼防止対策、避難に関する安全確保が、私たちの住む家に備えられる基準を設けているのです。火災は、自然災害ではありませんが、近隣からの火災延焼は、自己責任だけでは防ぐことができない要因でもあります。

しかし、火災は、人の命を危険にさらす大きな災害の1つです。確率は少なくても、自宅には火災保険をかけるなど、万が一に対する備えをほとんどの方がしているのではないでしょうか。

その事前の火災防止対策として、消防法があるのです。

木造建物の基礎や鉄筋コンクリートの構造的なことも記載されている

建築基準法には、構造的なことや数値的な規制や基準が示された建物建築における法律という枠組みにあるというイメージが強いのですが、建物細部の造り方についても、決りとして記載があります。例えば、木造建物の基礎と土台と柱の緊結をしなければならない決りなどです。

そのようなことは、一見、現場の大工さんが考えて、建物は造られていると思われていますが、建築基準法には建築する上での最低限の決りが定められていて、そこからさらによくする部分には、現場の判断が付け加えられることになります。

他にも、屋根葺き材料の緊結についての基準や、主要構造部に使う木材料の品質の目安となる節、腐れ、繊維の傾斜、丸身等による耐力上の欠点がないものとする記述もあります。

木造以外の構造である鉄筋コンクリート構造に入れる、鉄筋のさびに関する防止対策についても記載されています。

鉄筋については、工場で加工され、さびなどが発生していない状態で現場にて組み立て、鉄筋コンクリート造の一部となりますが、後にさびないことも大切です。

そのため鉄筋コンクリートは、各素材を現場で合わせることで1つの構造体となるので、その製造過程では、つなぎ方やある一定の強度が出るまでの養生期間なども詳細な基準が定められています。

これらの基準を満たすことで、初めて設計上の構造強度を得られ、安全な建物構造として成立するのです。

建築基準法は、設計時における施行令という最低限の基準となるので、そこから先の具体的な現場での施工方法については「建築工事標準仕様書」のほうに専門的な内容の記載があります。

建物の防水性能については書かれていない

建物性能として重要な防水性能に関しては、建築基準法を見ると、木造建物における外壁内部等の防腐措置等（第49条）に、「木造の外壁のうち、鉄網モルタル塗その他軸組が腐りやすい構造である部分の下地には、防水紙その他これに類するものを使用しなければならない」という記述はありますが、他に防水に関しての記述は見当たりません。

また、材料として使われているものを、「防水紙」と表現していますが、現在では防水シートなどに当たるもので、表現が古く感じられるところもあります。防水材料が、特定の範囲内における延焼を防止する性能を必要とされるなどはありますが、建物に関する防水性能に関しては、施工上の適応範囲とみなされており、建築基準法ではなく、施工に関する建築工事標準仕様書において詳細が記載される形となっています。

4　建築基準法と災害対策関係法律

内閣府の防災情報のページでは建築基準法は予防に当たる

内閣府が情報公開している防災情報のページには、様々な災害対策関係の法律や法令が記載されています。その多くは、災害が発生した場合の対策に関してのことが主で、震災対策・火山対策・台風対策・原子力施設対策などがあります。

これらの対策が法律法令としてあることは、今までの日本における自然災害としての発生リスクが高いことと、発生した場合の災害が私たちの生活に大きな影響を与えることが明確だからでしょう。

また、内閣府の防災情報ページには、災害関係データという今までに発生した自然災害による記録や状況なども公開されています。これらの情報データから見ると、世界に比べて日本で発生する自然災害の中でも割合が多いものに、地震災害と火山災害があります。

それらの自然災害は、発生すると、当然ですが規模に比例して災害損害額も多くなっています。ただし、災害死者数では、他の割合が10～20％程度あるのに対して、0・5％と低くなっています。自然災害は多く発生し損害額も大きいけれども、被害は最小限にとどめていることがわかります。

その事実から考えると、ただ運がよかったのではなく、様々な対策が事前に取られていたと考えてもよいのではないでしょうか。

それでも実際に、過去に発生した自然災害による被害者は数万という人数となっているので、被害にあわれた方のことを思うと、世界と比べて少ないと安堵できる気持ちにはなれません。ただし、時間経過から見ると、過去の時代から比べると被害に関しては少なくなっています。

そこには、過去の教訓を活かし、災害が多いからこその備えという、真面目な国民性もあるのでしょう。

建築基準法は防災関係法令の一部に入っている

建築基準法は、建物を造る上での法律であることはご承知のとおりですが、災害対策関係の予防関係の法律の中にも位置づけされています。

建築基準法は、建物造りの法律であるのと同時に、災害予防関係法令でもあるのです。そう考えると、建物造りが災害予防と関係があり、建物が私たちの生活を自然災害から守っていることがわかります。

当然、その中には、自然災害で大きな被害をもたらしている地震に対する建物建築における様々な手段が書かれていて、大きな災害があるごとにそれらの基準も改正がなされ、より新たな基準が付け加えられています。

つまり、過去の教訓の法律の枠組みの中でも、バージョンアップしているのです。

ただし、このような人命に関わる災害に関しては、法律として規制が強化されていますが、人命には影響がない軽微な事柄に関しての優先度は低いので、法律として見直しが図られるにはそれ相応の被害状況や実態が必要なのでしょう。

法改正を待つよりも、軽微と考えられている暴風雨による雨水侵入に関しては、自己責任において災害から自分の家を守るしか方法がないのかもしれません。


公共下水整備が整ったので水害は少なくなった

日本の自然災害の被害に地震災害が関係していましたが、海外に目を向けるとその多くは地震もありますが、日本では近年減ってきた洪水があります。

かつては日本でも、公共下水整備が整っていなかった時代には、大雨が降るとまずは家の床上浸水に対する準備をしていました。

家中の畳をテーブルの上に積み上げて、水位の上昇を見届けながら、一晩中不安な時間を過ごしたものです。ところが、海外でも洪水災害は後進国に多く発生していることを見ると、台風や豪雨による対策が、私たちの知らないところで国でしっかりと整備してくれていたことに気づかされます。

さらに、世界の自然災害状況を見ると、２００2年以降の災害の半数近くが台風暴風と洪水になっていて、この20年余りで地球規模の気候変動が現れていると見てもよいでしょう。

そして、世界で発生している災害を他人事のように見ることはできません。日本も世界から見ればその一部で、気象庁が公開している自然災害の中でも、この5年間を過去の災害履歴と見比べると、台風と豪雨災害の割合が増えているのです。

国が自然災害から私たちの生活を守るべく公開している防災対策に関する情報を見てもわかるように、国ができるインフラ整備や災害が発生した際の対処などは、私たちが考える以上に対策が整備されています。

実際に私もそうですが、これらの情報を活用して自然災害に対する準備ができているかというと、このような災害情報が内閣府より公開されていること自体知らない方も多いのではないでしょうか。

危機意識の低下

かつて日本は、世界の国々と戦争をしていた歴史があり、現在のような平和な国ではありませんでした。私が子供の頃に親から聞かされる話といえば、「自分たちが子供の頃は食べるものも着るものも満足になく苦労したが、今はとても恵まれている」というものでした。現代から過去の時代のことを考えても、実際にその時代を経験した方でなければ本当の大変さはわからないと思いますが、現在のほうがはるかに暮らしやすくなったことは誰でもわかるはずです。ただし、平和になったがゆえに危機意識も低下している気がします。

世界的にも増えている自然災害の台風や豪雨災害への危機意識を、もっと持たなければいけない状況になっていると思います。他国に比べれば多くが守られている私たちですが、本当にいざ何かが起こったときに、自分で自分を守らなければならないという危機感は、世界から見たらまだまだ低いといえるかもしれません。

今や私たちの生活を突然危険にさらすものは、自然災害だけではありません。近年では、世界的な危機となった感染症があります。これもまた、人間と自然動物との距離や、家畜以外の食肉動物などとの関係もあり、その原因は一概にはいえませんが、人が生活を発展させる過程で発生する必然的なものともいえるでしょう。

そう考えると、自然災害同様に、防ぐことができないからと諦めるのではなく、事前にできる対策を考えていくべきだと思います。

5　異常気象と気候変動について

世界的な気候変動がある

気象庁には「異常気象分析検討会」が設けられ、猛暑や豪雨などの異常気象が発生した場合の原因について、見解を発表することが求められています。

この異常気象分析検討会は、２００７年に設立され、第１回目の２０１０年に、研究チームの専門家からその結果が発表されました。

異常気象と気候変動については、世界では２００２年からすでに異常が発見されていて、日本だけではなく世界的な規模で自然環境に変動があったことが記録されています。

これらの気候変動の原因は、地球温暖化によるものであることも、異常気象分析検討会の発表内容に書かれています。

分析された対象としては、台風・集中豪雨・突風などで、短期間・短時間の現象についても地球温暖化との関連性について検討されています。

全国規模での記録的な現象や異常気象が、社会的に大きな影響を及ぼす場合に分析され、異常気象の発生要因についての見解も発表されています。

このようなことが、気象庁より発表されている事実があることを、私たちは知った上で生活をす

【図表５　世界的な気候変動は始まっている】

る必要があります。

地球温暖化現象の原因は、CO_2の発生が原因といわれており、国際的に協議が行われています。１９９７年に京都議定書が採択され、その後２０１５年にはパリ協定が採択されました。しかしながら、残念なことに、それ以降も猛暑や豪雨による災害は発生しています。

すでに異常気象は始まっている

国際的な協議である京都議定書の採択がされた１９９７年には、すでに世界的な地球温暖化の影響により、異常気象と気候変動が始まっていたのです。

そんな事実の中、私たちには、それらの気候変動への危機意識がそれほど周知されていないように感じます。

近年発生した大きな災害として、令和２年７月に熊本県を中心に九州や中部地方など日本各地で発生した集中豪雨がありました。熊本県を中心としたことで、別名「熊本豪雨」として記憶している方も多いのではないでしょうか。

そのときの降雨量は、過去最多といわれており、気象庁も特別警報に値するような雨量になることを予測できなかったほどの、予想を超えた異常気象となったのです。気象庁ですら予測ができなかったというのですから、私たちが天気予報で異常気象を予測することは、ほぼ不可能だと思われます。

これらの異常気象や気候変動が発生する確率は、ここ数年高まっており、どの地域においても同様に起こり得る現象であることがわかってきました。

今できる対策を考える

では、私たちが現在できる備えとは何でしょうか？　石油燃料を使わないでCO_2の削減に寄与することも大切ですが、気候変動に対する備えをすることが、最も大切になるのではないでしょうか。

そこで、私たちの生活を守るための最重要な住まいへの対策を考えてみてはいかがでしょう。

異常気象は、過去の時代にもありましたが、現在との大きな違いは確率と頻度がとても大きくなってきたことです。数年に1度だったものが1年に数度となったなら、それまでと同じ対策や準備では足りないことになります。

近年多発している異常気象により、短時間に大量に降る集中豪雨や台風の影響で、公共下水容量がオーバーする「水害」があります。

また、都市部特有の現象として、公共下水に接続されている大型建築物の雨どい配管からの雨水の大量流入なども関係しています。

これらの一次的な下水道の雨水排水能力を超える降雨により、雨を河川へと放流できない場合に発生する浸水に備え、国土交通省ではハザードマップを作製し、各自治体に地域ごとの豪雨による危険区域を示しています。

今までの常識では、「豪雨＝浸水」という感覚がありましたが、それらの対策として、下水道の整備や大量に降った雨水を一時的にためるために地下タンクをつくったり、オーバーフロー対策などの備えがされています。

ただし、これらの対策は、いわば国が整備してくれる公共設備的な部分であり、それ以外の部分に関しては自己責任で守る必要があります。

その自己責任において守るものとは、地上にある「自分の家」になるのです。

建物には様々な防水対策がされていますが、これは今までの気象状況を前提として考えられていたものです。

今までの常識が通用しなくなる

現在、異常気象による気候変動により、今までの常識が通用しないほどの天候に出くわす回数と確率が増えています。
・今まで なら防ぐことができた。
・今までなら耐えることができた。
・今までなら我慢することができた。

建物への雨水の侵入は、量が少なくて、時間が短ければ、以上の3つはさほど驚異ではありません。しかし、量が増え、時間が長くなれば、その状況は一転し、災害といわざるを得ない状態となります。

建物修繕では、修復という目的と、様々な備えに対しての事前準備との両側面の考えがあります。その事前の備えの中で、異常気象による豪雨や、暴風雨による被害を防ぐ対策を併せてすることが重要になります。

今までは、そこまで心配する必要がないと判断したり、そのような豪雨や暴風雨が建物に与える影響を見抜けなかったりしたと思います。これは、新たな発見というよりも、状況の変化による常識となってくるのかもしれません。

自然災害というと、テレビのニュースになるような大きな災害を頭に浮かべますが、ニュースや話題にはならない、小さいと思われている建物への雨水侵入は、私たちの財産である住まいをじわじわと蝕むこととなり、気づいたら大変なこととなる大きな災害の1つであることを忘れてはいけません。

第3章　木造建物の修繕をする際の注意点

1　木造建物の基本的な構造

木造建物は木軸構造を下から組み立てる

日本の代表的建築である木造建築は、現在でも一般住宅建築として中心的に建築されている建物構造です。

木材は、加工がしやすく、他の構造建材と比べて軽量であることで、現場での施工性もよく、建物造りがしやすいという利点があります。

木材構造を使う建築物は、建築コスト面からみても、他の構造建物に比べると低価格で建築ができるので、購入がしやすいという利点もあります。また、建物にとっては絶対に必要な窓開口部をしっかりと設置しても、他の壁面を耐力壁とすることで地震に対しても強くすることができ、間取りの自由性もあります。

近年では、これらの特徴以外にも、デザイン性に長けた建物建築とするなど、アレンジにも対応している建物として、オリジナル性を発揮できることもメリットとされています。

しかし、利点ばかりではなくデメリットもあります。木材自体は可燃性で、直接建物外部となるところに現れる部分に使うことは不適であり、外壁材料としては防火性能が加えられ、不燃材料を使って耐火性能のある建物とする必要があります。

また、防火地域では準耐火建築物とするなどの制約もあり、木造建物といっても一定の防火性能を有しなければなりません。

そしてもう1つ重要なことに、防水性能があります。木材単体としては、決して水分に強い材料とはいえないので、仮に木材を露出するのであれば、防腐対策を施す必要があります。この考え方は、現在の木造建築物では当然ですが、日本古来の建築物でも同様の考え方がありました。

例えば、屋根材の下地垂木小口面など、軒先部からの雨がかりで雨水が浸透し腐りやすい部分などには漆喰が塗られたり、小口を銅板などで板金囲いするなどして、防水性を確保していました。外部に面する木材小口に漆喰を塗るのは、水分侵入により腐ることを防ぐ効果と、乾燥による割れを防ぐ両方の効果があるからです。

日本古来の建築物の工夫

古代建築物は、現在の建物で使用されているような防水性に優れた建材類がない時代でしたので、今から考えれば防水材というには性能的には劣っている材料などを、上手に組み合わせて工夫した造りとなっています。

建物の基礎に関しても、現在のようなコンクリート材はないので、基礎は敷石として、その上に木材土台を敷いて柱を立てる構造としていました。そこにも高床として縁の下の通風がされ、風通しをよくして乾燥される状態とするなどの工夫がされています。

また、屋根軒先のすぐ下にある窓の上にも必ずひさしがあり、木製の窓にはなるべく雨水が直接流れ込まない状態にするなど、現在では普通に使われているアルミサッシなどがない時代の暴風雨対策がされています。

古代の建築物は、暴風雨から建物の柱が濡れて腐るのをいかに防ぐかが建物寿命にかかわるので、できるだけ軒先を多く出すことを考え、造られています。

そのため、よく見ると軒先垂木が2段になっており、2段目の垂木がさらに外の上向き方向にせり出して屋根が弓なり形状となっています。この垂木は、「ひえん垂木」と呼ばれ、重い屋根瓦が乗っても、付け根が屋根瓦の重みにより固定され、軒先の瓦の重みにも耐えられる構造となっています。

現在の木造建物では、木材が露出している部分は少なくなっていますが、木構造材自体が水分に弱いということは変わらないので、水分の侵入対策については同様に注意が必要になります。

木構造を守るためには、外壁構造で防水性を持たせて、内部の木材を守らなければなりません。

木材の防水性能

外壁材料には、主にセメント系の板状の上に塗装がされて、防水性を持たせてあります。セメント系材質板にも防水性が全くないわけではありませんが、表層の防水性能が低下すると、次に外壁材料のセメント板が反ったり割れたりしてきます。

そのため、一番外側の表層外壁建材のどこかに防水性がなくなって雨水が侵入すれば、内部の柱や壁の木材には何ら防水処理がされていないので、雨水によって木材が腐ってしまいます。

実は、古代の建築物も現在の建築物も、主要構造である柱や梁や土台は木材なので、雨水からそれらの主要構造である木材を遠ざけることで、建物を守るという考えは変わらないのです。

ところが、現在の建築では、防水性能が優れている建材類を使っているという過信から、雨水がかかる範囲から主要構造木材を遠ざけるという工夫がおろそかになっています。

防水性能が優れた材料にもやはり寿命があり、ある一定の期間を過ぎると性能が低下して、暴風雨などの一定の気象状況下においては、簡単に建物内に雨水が侵入してしまうのです。

木材の特性としては、一定の乾燥状態を保つことで、耐久性は格段に高くなります。

日本の木造建築技術は優れている

１３００年の歴史を持つ法隆寺の五重塔も、雨がかりのある部分の修繕はしてきたとはいっても、これだけ長い期間建物を保っている主要構造が木造であることはご存知のとおりです。

日本の木造建物寿命が、諸外国の木造建築物と比べると短い理由は、決して日本の木材が諸外国の木材より極端に劣っているからとは思えません。

年間雨量などの日本の気候が関係している面もあるでしょうが、木造建物の減価償却資産の耐用年数を22年としている国の制度を前提とした現在の建築にも問題があるのかもしれません。防水性能がある材料だけに頼るのではなく、しっかりと雨水対策をとって、建物建築における工夫をすることも大切でしょう。

古代建築に似せて現在の建築をするということではありませんが、日本の建築技術は長い期間に渡り様々な技法や文化が生み出されていて、屋根の軒先垂木を1つ見るだけでも、古代建築の伝承元である中国などには見られない、日本独自の工夫や造りがされているのです。

これらの技術と文化を過去のものと忘れてしまうのは、とてももったいないと思います。現在、建築されているスタイルの木造建築は、まだ100年程度と歴史は浅く、日本が経済成長をする過程で効率化やスピードアップはされたものの、建物建築における大切な何かを置き忘れてきたような気がします。

2　木造建物の軒先が雨に弱い理由

コロニアル屋根の特徴

現在の住宅の屋根材は、ひと昔前の瓦材より、セメントスレート製品で造られたコロニアル材という材料が一般的です。

この屋根材の特徴は、軽量なので建物上部を軽くすることができて、建物の耐震性にも有利なので、近年の新築建物で多く利用されています。

コロニアル材の下地は、屋根垂木の上に12㎜の合板（ベニヤ）を貼って、さらにその上に防水シートを貼った上にコロニアル材を貼ります。

屋根には様々な部位があり、棟という屋根の頂点に当たる部分や、軒先やケラバと呼ばれる下方に位置するところもあります。

「雨仕舞い」という言葉を聞いたことがある方もいると思います。屋根でいうと、屋根材のジョイント部や端末部が雨仕舞いに該当する部分になり、その納め方によっては、雨の降り方により吹き込むこともあります。

日本建築の歴史を見ると

日本家屋の歴史をさかのぼると、古代建築といわれる寺院建築で有名な建物では、先程も例に出したように、１３００年程前に建築された法隆寺があります。

その後に寝殿造や武家造や書院造などへと進化し、江戸時代に入ってから数寄屋造という、現在の木造在来工法に近い建物が建築されるようになりました。

それらの過去に建築された建物と、現在建築されている建物とでは、建物の材料や道具が大きく変わっています。

現在では、アルミサッシや防水シートなど、風雨に対しての対策がとられている建材類をふんだんに使うことができますが、今から１００年以上も昔の建物では、そのような優れた建材類はありませんでした。

そのため、建物を風雨から守るには、自然界にある材料を工夫して使う以外に方法がなかったと考えます。材料の性能は低いが工夫が多いというバランスです。

ところが、現在、一般的に建築されている住宅は、各材料性能はとても高いけれども、工夫はそれぞれの工事会社任せになっているような気がします。

当然、最先端の技術に裏づけられた製品として検査をされて厳しい基準を満たしたものが製品として販売されているので、製品自体の性能や品質に問題はありません。

また、もう1つの変化としては、1件の家に使われている建材の種類がとても多くなったことです。外部に使われている材料だけでも、屋根材、防水シート材、雨どい、外壁サイディング、窓サッシ、換気フード、アルミ笠木、バルコニー防水材など、ざっと見てもこのくらいはあります。材質でいうと、木材、金属、樹脂、セメントなど、その種類も様々です。

それに比べると、昔の日本の建物は、主材料が木材で、壁材は土壁に漆喰、屋根には瓦や銅板を使っている程度で、材料の種類としては少ないものでした。

雨がかかり腐りやすい部分

屋根に関する「雨仕舞い」については、建物の形状を詳しく観察すると、現在の建物より昔の建物のほうが優れている点があります。

例えば、屋根の軒先がその1つで、昔の建物は雨水がかかりやすい軒先周辺には濡れると腐りや

【図表６　コロニアル屋根と瓦屋根の軒樋断面】

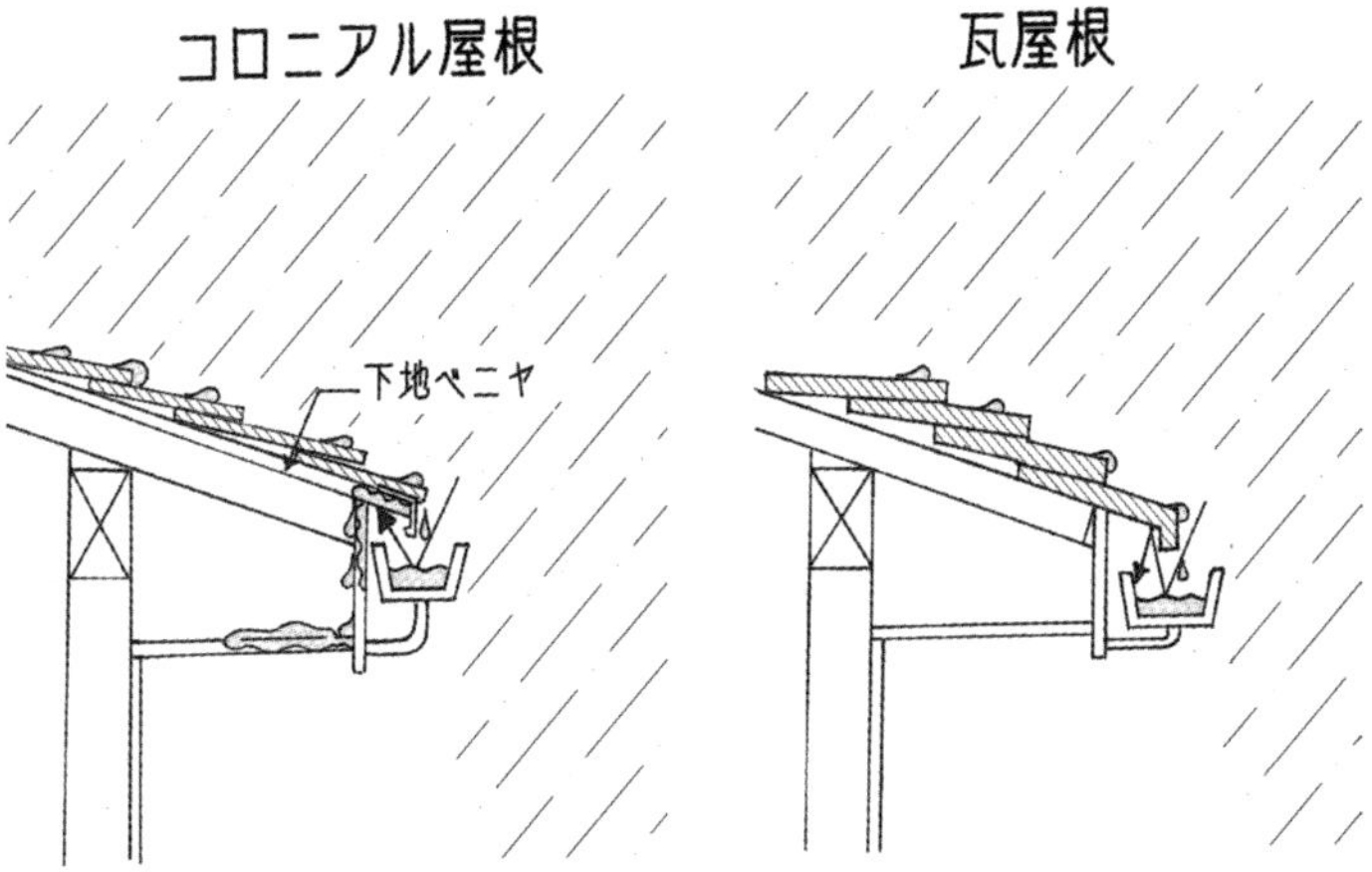

すい木材を露出しないように、防水性のある漆喰が塗られていたり、屋根下地である木材が露出しないような納まりとするなど、雨の浸込みに対する工夫が随所に施されていました。

この点では、現在の建物の屋根軒先は、コロニアルといわれる厚さ５㎜程度のスレート材で、単体の強度が弱いため下地の12㎜ベニヤ合板材料がセットで張り出されています。その軒先には、水切りがついているものの、裏側はベニヤがむき出しで、強風大雨のときは雨水のはね返りでその部分が傷みやすく、十数年後に建物修繕をする際は、雨水の浸込みにより腐っていることも少なくありません。

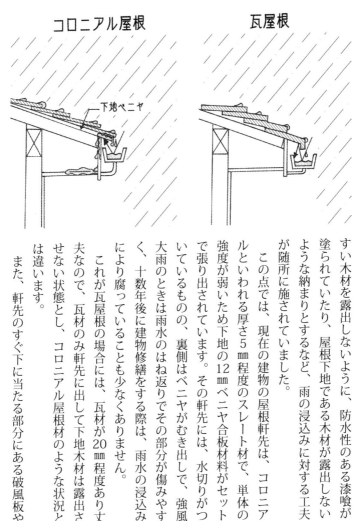

これが瓦屋根の場合には、瓦材が20㎜程度あり丈夫なので、瓦材のみ軒先に出して下地木材は露出させない状態とし、コロニアル屋根材のような状況とは違います。

また、軒先のすぐ下に当たる部分にある破風板や鼻隠しといわれる部分も、木材やサイディング材が使われていますが、同様に雨水がかかり腐りやすい部分となっています。

昔の日本建築では、漆喰が多く利用されていて、これらの濡れやすい部分の破風や鼻隠しの部分に漆喰が塗り込まれ、屋根瓦裏側との隙間を埋めてあり、雨水が吹き込まない構造とされています。

暴風雨の影響

このように屋根の軒先1つとってみても、昔の日本建築にはとても優れているところがあり、現在建てられている建物においても見習う点は多々あります。

昔使われていた土壁や漆喰で建物をつくるということではなく、あくまでも現在一般的に利用されている建材類を使って、随所に工夫をするということです。

暴風雨のときに特に雨水が吹き込みやすい箇所には、防水性の高い材料を使って隙間処理を行うこともそうです。特に、近年の豪雨は、強風とセットとなることが多く、今までなら吹き込むことがなかったような箇所にも吹き込むことがあります。雨は、上から下へ降るだけではなく、横から降ってくることも想定する必要があるのです。

場合によっては、下から上に吹き上がる雨の想定も必要になるかもしれません。現在の建物は、使われている材料種類が多いので、それぞれの材料がつながれている部分には特に注意が必要となります。同じ材料メーカーで造られたものなら、各メーカー実証検査済の施工に合わせて工事をするだけですが、それぞれが他メーカー材の場合には、現場での判断となることもあるからです。

特に、合わせ目内部に２次防水がない部分には注意が必要です。

3　板金水切りとは

上から降る雨を防ぐ構造

屋根のつなぎ部分や雨水が入りやすい端部には、雨水の侵入を防ぐ目的で、板金という鉄製の薄い板にさびを予防する表面加工がされたガルバリウム鋼鈑を加工して屋根部材の一部として使用しています。

この屋根の端部や合せ部に使われている板金は、上から下へ流れる雨水が建物に入ることを防ぐ「水切り」という目的でつけられています。水切り目的で取り付けられた屋根の1部である板金は、その名のとおり、水を外部に切る目的で造られているので、近年頻繁に発生する強風を伴う豪雨に対しては、水切りという性能が果たされていない場合があります。水切りは、上から流れてくる雨には効果がありますが、横や下から巻き上げるような暴風雨の場合の雨水侵入を防ぐ効果はありません。

歴史をさかのぼり、今から２００年以上前に建築された江戸時代の建物の板金は、銅製で、現在でも和風建築材として使う建物もあります。銅板は、現在の鋼鈑に比べ柔らかく加工がしやすいことと、さびなどへの耐久性もあり、性能としてはとても優れています。

その当時の銅板を利用している建物を見ると、とても複雑な形状に加工され造形されています。

屋根材そのものとして利用する場合や、軒先や鼻隠しなどの雨がかりしやすい部分に利用されている建物もあります。

風雨の吹込みにも耐える構造

そこで、現在の建物と見比べると、江戸時代の銅板加工は隙間なくくるむような形状としているのに対し、現在の建物はくるまずに下面は隙間を空けた水切り形状としています、水切りには万が一屋根に雨水が侵入した場合に、その隙間から雨水が外に排水される役割もあるので、一概に機能的に誤っているとはいえません。

けれど、その隙間が大き過ぎて、暴風雨で下から巻き上げるような天候時に建物に雨水が侵入してしまっては、雨水から建物を防ぐ目的としてつけられているのですから、本末転倒となってしまいます。

銅板は、加工がしやすいということもあるのでしょうが、現在の建物も昔に建築された建物のよい点を見習って、雨水が吹き込みそうな部分につける板金は、くるむような構造とし、暴風雨が吹き込まない形状とするとよいでしょう。

ただし、万が一の雨水侵入の排水機能を確保することは、水切りとしての機能に残すべきだと思います。

不思議なもので、建物に使われる材料性能がよくなってきたことで、建物全体の防水性能が高くなったことは間違いありませんが、それらの使い方の「工夫」というところに関しては、歴史を振り返り、過去に建築された建物に気づかされるヒントがあったことになります。

強風対策

強風対策というと一番に頭に浮かぶのは、台風による屋根の風災害でしょう。特に、近年の台風は大型で、建物に与える被害も大きくなる傾向があり、家主さんも台風の強風による影響の問題を知っていて、屋根点検を希望する方も増えています。

具体的に強風が建物に与える影響は「風圧」になりますが、風圧により実際に建物が傾いたりすることはまずありません。一般的に強風による影響は、屋根材がはがれたり浮き上がって、隙間から雨水が侵入したりすることがほとんどです。

これらの強風から建物を守るには、風圧力に対してはがれない強度を保つ必要があります。建物に貼られている屋根材や外壁材などは、棒状の金属である釘を金づちで打ち込むことで、下地材と仕上材が固定結合されています。ただし、釘には、打ち込みやすいという利点もありますが、弱点もあります。

釘は、木材が長期的な時間経過で乾燥してやせることによって、部材間に隙間が発生してゆるんだり、風などの振動によるゆるみで「釘抜け」が起こることがあるのです。そのため近年の建築では、釘の代わりにビス（ねじのついた釘）を使う部位も増えています。

ビスは、ねじ込むので、木がやせたり風で振動したりしてもほとんどゆるむことがなく、外壁や屋根材の固定に使われ出しています。

固定するねじ材の強度が高くなると、次には強風の力が、固定してある下地材料へと伝わることになります。

下地材の強度も必要となる

建築下地材に関しては、販売コスト的な面も考慮して、建築基準法の決りの最低限の基準を満たした形状とし、無駄に大きな部材を使うことはなくなっています。

逆に、建築基準法のような構造的な安全基準がない、昔の時代に建築された建物のほうが、建築する大工さんの判断で安全側に配慮し、各部材は大きかったようです。

最近の強風被害の事例で多く見られる事象として、屋根の棟板金の浮きやはがれがあります。中でも築後10～20年程度経過した建物に、これらの事例はよく見られます。

それは、下地との固定には釘が使われていて、時間経過的にも木が乾燥し、やせて釘がゆるみ出す時期だからです。

1度釘がゆるみ、棟と屋根の間に隙間ができると、雨水が吹き込んで、内部の下地木材が腐り、さらに釘が抜け出すのです。

そこで、強風圧に耐えるために、釘ではなくビス打ちに交換することで、固定強度を高めて、はがれることを防ぐ手段をとります。

ところが、釘よりもビスのほうが、ねじ部分があるので部材としては太くなります。棟板金の固定の下地木材も、通常の15㎜厚さの断面木材では、割れたり、ビスから伝わる風力を維持する強度としては足りなくなって、下地材としても強度が不足することになります。

ビス固定をして固定強度を高めるのであれば、下地材も固定強度が見合った材料を使うとよいでしょう。

4　雨と風が建物に与える影響

暴風雨は建物寿命に関係がある

建築物は、自然環境下においていかに雨や風などの影響を長期的に防ぐかが、建物寿命に関係することがわかっています。

自然の気象状況でいう雨と、風が建物に与える影響はそれぞれ別で、防水性能と耐風性能となり、建物が備える性能にも違いがあります。

ところが、建物性能は別といっても、実際の気象状況では、暴風雨など雨風が同時に建物に対して影響を及ぼすことが一般的です。

同時になることで互いの威力が増幅され、風を伴わない雨なら建物の防水性能が維持されていても、同時になると性能が低下または性能がない状態となることもあります。また、雨を伴わない風なら耐風性能を維持できていても、同時となると水分を吸収することで重みが加わり、固定部へ加わる荷重が増えて、破損する可能性が高くなることも考えられます。

ということは、両方セットで建物への影響を防ぐ対策をしないと、建物にとっては大きなダメージを受ける確率が高くなるのです。

建築基準法では建物の高さに対して耐風の影響を示している

建築基準法には建物建築をする上での基準が定められていて、建物に与える風の影響についても記載があります。その１つに、屋根や外壁に対しての安全性の確認についての建物の高さの基準として、高さ13m以下の部分と超える部分での計算基準を、告示第１４５８号で定めています。

この基準は、平成12年に告示されたもので、今から20年程度前になります。高さが13mを超えると風による影響を受けやすいので、風圧に対して構造上の安全を確かめてくださいということになります。当たり前ですが、建物の高さが高い部分は、低層部分より風の影響を受けやすいということです。

この告示については、耐風圧に関しても定められています。先ほどお話したように、建物構造的には耐風性と防水性は建物にとって別の性能となりますが、耐風力に対してのリスクが高くなれば、同時に耐防水性に対してのリスクも合わせて高くなります。つまり、建物を維持する上では、この2つに対するリスクを同時に考えて、対応する必要があるのです。

平成12年の告示第１４５８号による改正についても、耐風力に対してそれ以前よりも明確な安全基準が示されたわけですが、現在の気象現象においては、その当時よりさらに暴風雨による現象が増えている状況です。

気象状況が変化していることを考えると、建築基準法などの国が定める基準だけでは建物を長期的に維持する上で安心できないことになります。

瓦屋根の強風対策

強風に対する建物の備えは、過去の時代に建築された古代建築物でも、多くの工夫や対策がされていました。

屋根瓦には、強風でも屋根を守り雨水から建物を守るために、瓦の合わせ部に当たる棟といわれている屋根の最上部には、棟瓦という冠状の瓦材が被せられていますが、その下には耐風力対策として「のし瓦」という板状の重しとなる瓦が、何層にも積み重ねられています。その棟部分は、強風の影響を受けやすいので、棟部に重さを加えることで耐風力性と防水性の両方を保つための工夫がされていたのです。また、棟瓦は、建物の高い部分になるので、尚更、暴風雨への対策としては重要な部分だからでしょう。

現在、一般的な住宅に使われているスレート製屋根材の棟材は、板金材なので瓦屋根の棟のような重さはありません。

このスレート製屋根材は、瓦屋根材に比べて軽量なので、耐地震力については建物にとって有利になりますが、瓦屋根に比べると耐風力性については劣っていることになります。

一般的には、スレート屋根の棟板金は、釘打ち止め（近年はビス固定）としてあり、下地は木材なので、経年により木材強度が低下し、釘の効き目も低下して、ゆるんだり抜けたりします。そのため、強風による影響で屋根が浮いたりはがれたりするリスクがあるので注意する必要があり、同時に暴風雨という雨水に対しても、対策を考える必要が出てくるのです。

判断の基準が変わる

建物に対する考え方や基準が、建物の進化や自然環境の変化により変わってくることは、今までの建物の歴史や建築基準法の改正などを見ても明らかです。

ただし、それにより改正後の基準で建てられた建物には当たり前に備えられている耐装備が、それ以前に建てられた建物には備わっていないことになるのです。

基準の改正は、確実に必要性が認められた後に変更されるので、すでに存在している建物には多くの影響があった後になります。ということは、自分の住まいに暴風雨の影響によるリスクがあるにもかかわらず、基準が変わるまで放置していることになってしまいます。

そう考えると、すでにこの10年程度の間に、気象庁が公表している豪雨被害が増えている事例から見ても、それらに対しての事前の対策は必然となるのではないでしょうか。

暴風雨の影響により、自宅の屋根の棟板金の釘が抜けていたり、浮きやはがれが発生したりしていれば、当然修理をすることでしょう。

ただし、その場合に、先々の暴風雨対策を考えて、劣化しにくい下地材料を使ったり、固定には釘ではなくビス打ちをしたり、ジョイント部分に使用するシーリング防水材には、熱の影響に対しても防水性能が低下しない高耐久材料を使うなど、同じ作業でも使用材料を工夫することで、暴風雨へのリスク対策とすることが可能となります。

屋根は、家主が気軽に登って見たり補修をしたりすることができませんし、無理をして万が一足を滑らせて転落すれば、ケガではすまないこともあります。

ですが、建物にとって重要な木材に雨水を触れさせないための傘の役割をしており、暴風雨時だけだからといって雨水の侵入を許してはいけない箇所となるので、建物修繕の際にはしっかりと暴風雨への対策をしてください。

5　仕上材に覆われている見えない柱

見えない柱のリスク

木造建物の主要構造部である柱や梁や土台などの木材を雨水から守るために、なるべく雨がかからないような建物建築がされていることがわかりました。

しかし、長い年月の間には、それらを防ぐための外装材や屋根材などの劣化により、雨水の侵入が発生するリスクがあります。

これらのリスクは、どんなに防水性能を高く維持している建物でも、経過とともに性能が低下する時間との壁は防ぎようがないという事実があります。

現在の建物建築に使われている防水性能を有する材料は、製造されたときには１００％ある性能が、時間経過とともに劣化していき、経過年数の違いはありますが、最終的には０％となり、防水性能が失われます。

この客観的な事実を建物の家主は理解し、それらの性能が維持されているうちに建物修繕をすることを考える必要があります。仮に、材料性能の耐久性が高く長期的に維持されているとしても、永久的に性能が確保される材料は存在しません。

建物修繕をする時期については、家主自身で判断する必要があります。性能が低下し始めた時点で修繕の時期を検討するのか、明らかに性能が低下し、建物木材に雨水が浸み込んで、腐り出してからあわてて修繕をするのかは自己責任です。

雨浸みを見て判断する

建物の防水性能が低下した状態を判断するには、建物の主要構造部である柱や梁の木材の状態を見て、雨浸み跡がないかなどの変化を見る必要があります。

ところが、現在建てられている建物のほとんどが、仕上材料で覆われているので、外観や内観から柱や梁などの木材を見ることができません。つまり、状態の判断が難しいということになります。

そこで、日本建築の歴史を振り返ると、現在のような優れた防水性能の建材類がまだなかった時代の古代建築物では、柱や梁の木材が仕上材料で覆われていない、「真壁」という造りになっていました。それに対して現在の建物は、「大壁」という柱や梁が仕上材料で覆われる造りとなっています。

この両者には、それぞれメリットやデメリットがあります。

真壁のメリットは、外壁材に覆われていないため柱や梁の木材の状態を直接見ることができるので、雨水の浸込みによる木材の色と変化が常に確認できる点があります。

デメリットとしては、重要な柱や梁材が直接外気にむき出しとなっているので、軒やひさしにより雨から守られているとはいっても、強い風雨のときは当然ですが雨水に濡れることになります。同時に、覆われていないオープンな状態なので、乾燥もしやすいということもいえるでしょう。

壁に覆われて保護されている内側

一方、大壁のメリットは、外壁材に覆われ保護されているので、直接風雨による影響を受けないことです。とはいっても、保護されている状態とは、外装建材の防水性能が保たれていればの話で、時間経過により性能が低下すれば話は別です。

デメリットとしては、柱と梁の状態を直接見ることができないという点があげられます。先ほどもお話したとおり、外装建材の防水性能が保たれている間は何ら問題ありませんが、性能が低下すると壁内部への雨水侵入を許すことになるのです。

外部からの雨水侵入は見た目にはわかりにくく、一般的には室内が雨水で濡れて初めて、どこから雨水が入ったのだろうと外壁を見るのですが、それでも入口の壁面状態から判断することが難しいという現状があります。

そのため、雨水が侵入しても室内に出なければ雨漏りと認識されず、その場合は雨水が侵入してから長期間に渡りその状態が続いてしまうのです。

そして、最大のデメリットが、外壁の仕上材料にはそれなりの防水性があり、内装材料についても汚れがつきにくいようにと、ほとんどのケースでビニール製のクロス貼りとしていることです。

つまり、1度内部に入った雨水は、隙間からどこかに流れ出るとしても、濡れた木材が乾燥しにくく、継続して雨水侵入すると木材が腐ってしまうのです。

現代建築と古代建築の違い

歴史を振り返ると、古代の建物は、主要な柱や梁が風雨により濡れることがわかっていても、あえて露出した造りとしている建物が存在していました。

常に見えることで状態がわかり、建物修繕のタイミングが極端に遅れることもなかったでしょう。また、濡れても水が切れやすい構造とするなど、内部に雨水がとどまって、見えない部分で木材を腐らせることも防がれていました。

木材は、質量の20%前後の水分量が適正で、このような乾燥状態を保つことで強度も高く、経年劣化により木材が腐ることもありません。

建物寿命が短くなる原因は、水分によって柱や梁などの木材が腐ることが原因なので、主要な木材に水分が触れない構造とすることが大切です。

ただ、過去の建築物では形状で防いでいるのに対して、現在の建物は性能で防いでいるので、性能が高くなったこと自体はとてもいいことですが、それだけに頼った建物造りはよくありません。

その理由は、建築当時は１００％あった優れた防水性能も、時間経過とともに低下し、いずれは消えてなくなってしまうからです。

そのような性能だけに頼り切って建築されている建物をどこかのタイミングで修繕をするのであれば、性能のみに頼らない構造をつけ加えたり、防水構造を複数層とするなど、何らかの工夫や対策をすることをおすすめします。

現在建築されている建物の柱や梁材は、無垢材のような単一材ではなく、集成材という木材をカットしたものを複層に張り合わせたものとしているケースが多いです。

この集成材は、材料を有効活用できることと、材料強度が均一に保たれていて、主要構造材料としての柱や梁材として適しています。

ところが、木片を接着材で張り合わせているので、乾燥状況下では発揮されるこのような優れた性能も、雨水が侵入し水分が張り合わせ部に浸み込むと接着力が低下するので、建物の防水性対策についてはより一層注意が必要となります。

6　首相官邸からの注意喚起

近年の異常気象に対しての注意喚起は首相官邸からも

首相官邸からは、国民の生命と安全を守る目的で様々な情報が発信され、「首相官邸ホームページ」

【図表7　首相官邸からも注意喚起されている】

より公開されていて誰でも見ることができます。

その一部に、近年の異常気象による大雨や台風でどんな災害が起きるのかについても公開されています。

最近では、短時間に狭い範囲で非常に激しく降る雨が頻発しているという表現で、太字の部分は赤文字で強調して書かれています。

そして、その具体事例として、令和元年に台風第15号が9月7日から9日にかけて関東地方の南部を中心に千葉県に上陸し、猛烈な風、猛烈な雨となったことが書かれています。

また、平成30年7月豪雨では、6月28日から7月8日までの総降水量が四国地方で1800ミリ、東海地方で1200ミリを超えるところがあり、7月の月間降水量平均の2～4倍だったと記されています。

台風や大雨に対する備えとしては、非常用持出しバックの準備や国土交通省のハザードマップを事前にチェックするなどがあります。

また、気象庁からは、被害を防ぐために発表している「防災気象情報」があります。台風や大雨は、いつ突然に襲ってくるかわからないということではなく、地域ごとにどのくらいの規模のものがいつくるか、ある程度予測することができるのです。

現在では、スマートフォンでも雨雲レーダーで雲や雨量を時間経過ごとに見て、ある程度正確な予測を立てることが可能となっています。

このように短期的な被害に関しては、様々な情報収集をすることで被害を最小限に抑え、自分の身を守ることができます。

短期的な被害と長期的な被害

短期的な被害は、しっかりと情報を把握し、様々な準備をすることで、ある程度は防ぐことは可能です。しかし、長期的な建物への被害は、短期的な被害とは異なる目線で備える必要があります。それが、首相官邸からも注意喚起されている、７月から10月にかけて発生するリスクが高い大雨や暴風など、近年多く発生している「短時間に狭い範囲で非常に激しく降る雨」ということになります。

年間で発生する回数は少ないからといっても、このような気象状況が増えていることから、短期間的な備えと同様に長期的な備えをする必要があるのです。

それは、このような気象条件下においても、建物への雨水侵入を防がなければならないからです。長く住む建物ですから、長期的な被害を防ぐために具体的な備えを考え、建物修繕をする際に事前に対策することが大切になります。

具体的な長期的な備えとは

このような近年増えつつある大雨や暴風などから建物を守るには、建物への考え方や見方を今までとは変える必要があります。今までの気象状況下ではあまり問題視されていなかったことにも、注意することになります。

例えば、今までは、ちょっとした大雨程度では吹き込むことがなかった外壁外部に出されている排気ダクトカバーなども、今まで以上に強風による吹込みに対して強いものとするなどです。

また、通常の雨なら吹き込むことがなかった、外壁から建物に取り込んでいる配管類付根部分の防水処理を強化することなどもあります。

他にも、暴風雨で影響を受ける可能性のある隙間を事前に塞ぐなど、雨が横や下側から吹き込むことを予測して対処することが必要となります。

具体的な例を少しあげましたが、実際には建物ごとに状態は違うので、建物状況に合わせた対策を検討してください。建物修繕をする工事会社と一緒に、それらの事前対策を計画するとよいでしょう。

完全な形を初めから望まない

暴風雨に対しての備えは、事前の準備をしっかりとするに越したことはありませんが、すべての備えを完全にすることは難しいと思います。

それは、建物には構造ごとに特性があり、耐震性能や耐風性能や防雨性能など、設計上建物に必要とされているそれぞれの性能に違いがあるからです。

建物の重さ1つ考えてみてもわかるように、木造建物より鉄筋コンクリート建物のほうが当然重いので、耐風圧力に対しては強い建物といえます。屋根形状についても、傾斜屋根で軒先が出ている木造建物より、陸屋根としている鉄骨や鉄筋コンクリート建物のほうが暴風雨に対しての耐風圧力に対しては強いでしょう。

このように、建物構造ごとに持ち合わせている性能には違いがあるので、それぞれの構造で可能なレベルの暴風雨への備えを考えることが大切です。

近年建築されている建物の特徴としては、様々な部分でコストダウンがされて建てられており、購入しやすい建物価格になっています。その反面、以前なら標準で備えられていたものが省かれているなど、家造りへの変化が見られます。

例えば、暴風雨対策の1つになる雨戸も、ひと昔前の建物であれば設置されているのがほとんどでしたが、省かれる装備の1つとなっています。

他に、窓上部に設置されるひさしについても、同様に風雨対策の1つでしたが、近年はひさしを設置しない建物のほうが多くなっています。

その理由としては、窓サッシの水密性と耐風性が向上していることがあげられますが、首相官邸からも注意喚起されている、リスクが高い大雨や暴風など、近年多く発生している短時間に狭い範囲で非常に激しく降る雨に対しては、必要な装備となるのかもしれません。

7　お城は非の打ちどころがない

歴史的な建造物の中の「お城」

お城は、戦国時代における軍事拠点、権力の象徴的な建物として、その当時としては一般的な住居と比べると、建物の規模や構造には圧倒的な迫力があります。

そんな建築物としては、巨大なお城建築においても、敵陣からの攻撃に対する防御のみならず、自然の猛威からも建物を守る必要がありました。建てられている場所は、権力の象徴ということもあり、山頂や高台など見晴らしのよいところです。

お城には、攻撃への防御という目的から、堀や石垣や塀などがあり、天守はそれらの中心に位置していて、その当時としての土木と建築の技術を駆使して建造されていることがわかります。

そして、その姿は、十数メートルと高く聳《そび》え立っているので、今でいうと低層建物ではなく中高層建物の部類となります。現在の建築基準法に当てはめると、13mを超える高さの建物においては、耐風圧力が多く加わるので、風力に対する安全性を確かめる必要があります。

当時は、現在のような計算機やコンピュータもない時代でしたが、あの熊本地震でもかろうじて

【図表８　お城は歴史的な高層建築物】

形を残した石垣など、現在では想像もつかない技術が存在していたことが考えられます。

実際のお城の姿を見ると、その当時の建造物は木構造が主で、お城も巨大ではありますが、木造建築物です。現在の木造建築物は３階建てまでとなっていますが、お城の大きさからすると、現在のビルやマンション建物を木造で造ったようなものです。

現代の建築技術をもってしても、自然環境下における気象現象である暴風雨については建物寿命を奪う驚異ですが、お城が建築された戦国時代でも、自然環境下における木造建築物への暴風雨の脅威は同じであったでしょう。

現存しているお城を見ると、修復されたり再建築をしたりしているものもありますが、忠実に復元されているならば、その当時としてはかなりの暴風雨対策をして建築されていたことが伺えます。外壁については、ほとんどが白い仕上がりとなる漆喰塗りとされていて、軒先や軒裏や屋根垂木に至るまで隙間なく漆喰が塗り込まれ、隙間らしい隙間など見当たりません。外壁には、黒色の仕上げとなっている板張りとしているお城もありますが、この板材には柿渋《かきしぶ》や漆など、その当時としての防水性のあるものを塗って木材を雨から守っています。

実際には、黒色の板張りの下地には白色の漆喰が塗られているので、漆喰壁を守る2層構造で暴風雨対策をしていることになります。

見た目の優雅さはとてもすばらしい上に、建築物としての必要とする防水対策も徹底されているのがわかります。そして、そのような建物にとっての暴風雨対策を現在の建物と比較すると、その当時として持ち合わせている材料だけで、いかに対策をして建てられているかが想像できます。

屋根材としては

お城の屋根材は、瓦や銅板加工貼りなどとなっており、屋根としての性能は当然ですが、見た目の美しさにこだわった造りとなっているところに心が惹かれます。

当時の建物の脅威といえば、暴風雨だけではなく火災にも注意が必要だったので、瓦や銅板材などは火事からの防御という面からみてもとても有効だったでしょう。

敵陣から攻め込まれた際の砦《とりで》であることから、様々なことを想定して、多くの工夫がなされた知恵の集大成の建築物といってもよいのではないでしょうか。

屋根は、高層部になるので、暴風雨の影響を受けます。その対策として、屋根下地には木構造材の上に杉皮材を防水材として貼りつけ、その上に土塗りを施して瓦葺きとするなどの工夫がされています。有名な姫路城のように、瓦の合わせ目に漆喰を塗ることで瓦の固定と隙間を埋め、暴風雨水の侵入を防ぐ工夫もあります。

屋根瓦に漆喰を塗る工法は、暴風雨の影響を受ける沖縄の首里城などにも採用されており、その当時としては距離が離れた場所である日本のお城建築においても、同様の工法で暴風雨対策がされていたことには驚かされます。

銅板葺きの屋根

また、瓦ではなく、瓦形状として木板の上に直接銅板貼りとしている建物もあります。

代表的なところでは、名古屋城がその銅板屋根です。銅板のイメージでは、10円玉の茶色を思い浮かべる方が多いと思いますが、銅板は時間経過とともに茶色から緑色の緑青《ろくしょう》へと変化します。

屋根材を木板材の上に銅板貼りとするメリットは、その当時の瓦材が現在のものより焼きの性能が劣っていたため、雪害などによる凍害対策としての目的や、瓦に比べて軽量であるので建物の地震対策としてという説もあります。

当時としては、何といっても一番大敵なのは自然環境である暴風雨と火災であったことを考えると、銅板屋根材は隙間のない加工ができたことと、金属で燃えないということからお城の屋根材として選ばれたのでしょう。

漆喰は万能防水材

歴史的な建物を振り返ると、必ずといっていいほど使われている材料に漆喰があります。漆喰は、消石灰に麻や海藻などを水と混ぜて練り上げたものです。

特徴としては、風雨に弱い土壁の上に塗って、壁の防水性を高めることができ、また吸湿性もあるので室内の環境にもよい材質です。

その当時としては、木造建物の欠点である水と火に弱いという2点を補う、優れた材料として扱われていました。現在でも、その優れた性質を活かし、建物建築の内装材料として利用されています。

しかし、残念なことに、現在の下地材料は石膏ボードで、昔の土壁のような調質性能はほとんどないので、せっかくの漆喰の性能が完全には活かされていませんが、漆喰材のみでの調質効果はありますビニールクロスよりは、室内環境を保つ上では有効でしょう。

8　木材の特性

木材には様々な種類と特性がある

木造住宅に使われている木材は、主に日本で育った木材や海外から輸入されたものを製材加工して、建築用木材として利用しています。

かつては輸入木材の割合が国産木材よりかなり多かったのですが、平成12年以降に国産木材需要が少しずつ増加傾向に変化しています。

木材は、建築用途以外にもパルプ（紙の原材料）や家具などの加工製材などにも使われていますが、国産木材の利用は今では3割程度にとどまっています。

現在、木造建築で使われている木材には、無垢材という天然の状態をそのままカットして製材した木材と、集成材という木材を小さく切り分け乾燥させてから接着材で組み合わせて人工的につくった木材があります。

同じ木材でも、これら2つの木材には、様々な特性があり異なります。

そもそも木材は、中心から円を描くように年輪という筋状となっていて、色の濃い部分と薄い部分から成り、年輪の内側のほうが濃い色の部分となっています。

この内側の部分を心材、外側の白い部分を辺材と呼び、内側の心材部分は強度も強く、防虫性能も高いといわれています。

そして、内側の芯の部分を持つ芯持ち材料は、無垢材という天然木材をそのまま製材したものしか持ち合わせることができません。

現在建築されている木造建築の主要構造材として使われている柱や梁材には集成材が多く、無垢材とは少し特性が変わっています。

集成材は、小さくカットされた木材を接着して張り合わせるので、本来であれば構造材としては使用されなかった木材も、効率よく有効活用されています。また、木材は、伐採された後に乾燥させ、水分量を20％程度としてから建築用木材として利用されます。

無垢材と集成材

無垢材は、断面が大きいので乾燥に時間がかかるのに対して、集成材は、小さい断面にカットしてから乾燥させるので、時間短縮ができるというメリットがあります。

時間短縮ができるということは、最終的に材料コストに反映され、無垢材より安価に流通できるという利点があるのですが、このような利点だけではありません。

集成材には、木材の中心部の心材と周囲部の辺材が使われていて、安価な木材となると周囲部の辺材が多く使われています。

辺材は、心材に比べて密度が低く、水分への耐性や防虫性についても弱いとされているので、使用する場合にはそれらに対しての防腐防虫対策も大切になります。

他にも、芯持ち無垢材に比べ、小断面加工をした集成材は、木材の特性である年輪に対して直角方向からの防水性が強いのですが、側面方向からの断面は水分の防御性能が低いです。

本来の木材の防水性能を活かすのであれば、丸太状のまま製材することなく、建築構造材として使うことで、すべての面が年輪に対して直角方向で外部に面するので、耐水性能に対して強いことになります。このような使い方は、日本の古代建築で、丸太形状のまま柱や梁として使われている建物が多く存在します。

　このような話をすると、いかにも集成材に多くのデメリットがあるように思われますが、集成材は強度を均一に保つことができることと、小さな断面や短い木材を強力に接着加工することで、長い部材を製造することが可能となっています。

　現在では、木造3階建ても一般的に建築されるようになった背景には、1～3階までの長い通し柱を使うことができる集成材の加工技術があったからこそだと思います。

国産の木材の特徴

　日本の木材にはきれいな年輪が描かれていますが、諸外国から輸入された木材には年輪がないものもあります。

　年輪は、木目という美しい造形として表現され、和風建築物の意匠として今でも多く使われています。木目には、年輪に対して直角に切った場合に現れる正目というものがあります。直線的に表れる木目で、寒冷地の山林で育った樹木ほどこの木目が細かく密度もあり、強度も固く優美な造形で高価な木材とされています。

　有名な木材では、尾州《びしゅう》と呼ばれている木曽ヒノキなどがあり、高級和風木材とされています。木目がとても細かく、年月をかけて少しずつ成長した貴重な木材であることがわかります。

　他にも、板目や杢目など、木材の表面に近い側を年輪に沿って切った場合に見られる木目があります。和室の天井板や建具など、楕円状の模様となる部分がある模様が特徴で、正目とはまた違ったデザインとなり別の希少性があります。

貼り合わせた合板の特性

最近では、木材を薄くスライスした材料を繊維方法を互い違いに接着し重ね貼り合わせたベニヤと呼ばれる合板の材料が、構造強度もあり構造用合板として使われています。ラワン合板やバーチ合板など、壁下地材料として使われている物や、シナ合板など室内や物入れなどの壁面化粧材として、表面に表す形で利用されている合板もあります。

このように接着加工された合板は、強度も強く製品コストも安価なので、建築用建材として多く利用されていますが、水分に対して弱いという弱点があります。

ベニヤ合板の断面は、木材の年輪に沿って切断されたものとは限らず、木材繊維に対して直角方法にスライスされた材料を貼り合わせているので、木材自体の水分への対抗性は少なく、水分を吸収しやすいという特徴があるのです。

そのため、表面に耐水加工がされているベニヤ合板の場合はある程度の防水性能がありますが、一般的な耐水加工がされていないものは水に弱い材料といえます。

これが建物の外装材の下地材として利用されていることを考えると、その上に施す防水性能材料がとても大切となり、材料の防水機能の低下による建物全体の防水性能低下に対し、対策をしっかりとする必要があることがご理解いただけると思います。

第4章　鉄骨建物と自然災害の関係

1　鉄骨の弱点

鉄骨は木材より水に弱い？

一般的に、建築物における鉄材は、強度が強いというイメージがあると思います。

建物構造の一部として使われている鉄材は、鉄筋コンクリート構造の鉄筋として使われ、コンクリートが圧縮力の強い材料であるのに対し、鉄筋は引っ張り力に強い材料として、互いの特性を活かして強い構造体としてバランスを保っています。

鉄骨建物に関しては、鉄骨のみで建物構造強度を保っています。

鉄材は、実は引っ張り強度に優れているだけではなく、圧縮強度にも強い構造なので、鉄骨だけの構造として強度バランスが保たれている建物構造ということになります。

特徴としては、鉄は水でさびるという性質があるので、木造建物同様に水分に対しては注意が必要ということになります。

木材の場合には水分が木材に染み込んで吸収されて腐りますが、鉄材は木材のように内部に水分を含むような空間はありません。

そのため、鉄骨表面にはさび止め処理がされていて、鉄材が水分でさびることを防ぐ状態にして建物構造として使われています。

さび止め塗料も永久的ではない

ところが、鉄骨表面のさび止め処理も永久的なものではなく、耐候性という長期的な持続強度に関しては、一般的な仕上塗料材料のように耐久度はありません。

また、鉄骨を建物の外部に露出している鉄骨階段や鉄製手すりなど、仕上材に覆われることなくそのまま見える状態とする場合には、さび止め塗装の上に仕上用塗料が必ず塗られ、さび止め性能を高めています。

そして、鉄骨造の構造体として使われている柱や梁材は、仕上外壁材料で覆われるので、露出することなく外気にさらされることはありません。そのため、鉄骨材にはさび止め塗装処理だけで、そのさび止め塗料の性能を維持保護するためのさらなる塗装はされていません。外気に触れていないので、太陽光による自然劣化がなく、鉄骨表面のさび止め処理についても何ら影響がないと考えられているからです。

しかし、建物修繕を必要としている鉄骨建物の中には、外壁や屋根の防水性能が低下し、建物内に雨水が侵入している建物が多く存在します。

その理由は、修繕のタイミングが遅れてしまったり、施工不良があったりと様々ではありますが、そこには建物内部の鉄部がさびているという共通点があります。

鉄骨構造体の柱や梁材へのさび止め処理は、あくまで外部に露出していないという条件において、鉄骨をさびない状態に保つことができる程度の処理となっています。

仮に外部の鉄骨と同様に、雨水にさらされる状況を想定しているのであれば、さび止め処理だけでは足りないので、さらに保護を目的とした耐候性を有する塗装が必要となるはずです。

つまり、現状では、雨漏りしている建物だとしても、雨水には触れることを考えていない構造としている建物の内部に雨水が入ることは、全く想定していない建物造となっているのです。

最大限、建物の外壁や屋根での防水対策は行うとしても、これは現在の木造建物においても、その点については同様で、万が一にも雨水が入ることを想定していない構造となっています。

万が一、雨水が侵入した場合の備え

その点においては、古来の日本建築物には優れた防水材料がなかったがゆえに、様々な雨水侵入に対する対策が施されており、見習うべきところがあるでしょう。

建物の大敵である雨水対策は、自然が相手となるので、人間の想定を超えることがあり、いくら現在の気象観測記録データで分析をしても、何度となく〝観測史上初となる〟の言葉を聞いたことと思います。つまり、観測が始まってからの記録データだけを頼りにして建物造をしていては、今後の新たな気象状況から建物を守ることはできないのです。

古来の建築物は、基本的に外壁や屋根材では最大限、雨水を主要構造の柱や梁の木材から遠ざける役割をし、それでも水分が入ってしまった場合には、下方である縁の下に流れ出て、湿気がたまることなく乾燥しやすい高床の状態とするなど、風通しよくされていました。

現在の建物も同様の構造にしたほうがいいということではなく、万が一、建物内部に水分が入ってしまった場合の対策を考えたほうがよいということです。

例えば、構造体である木材や鉄骨の外壁側と水が溜まりやすい水平面だけでも、防腐やさび止め処理をもう少し強化するであるとか、雨水が侵入した場合の通気機能や排水機能を持たせるなど、対策を取ることは可能です。

雨水が侵入しない対策が大切

ですが、すでに建築されている建物にこれからそのような対策をすることは、よほど長期に渡って雨水が建物内に入り、被害が大きくなったため、壁面をはがして内部構造への対処をするような場合を除いては、簡単に対策工事をすることはできません。

そう考えると、様々な気象状況下においても、万が一の建物への雨水侵入が起きないような、事前の対策準備をすることが大切であることがご理解いただけると思います。

鉄骨建物には、主要な柱や梁材以外にも鉄材が様々な補強材料として使われていて、それらがさびることで建物全体の強度低下への影響が少なからずあります。

例として、外壁材としてのＡＬＣパネルの固定では、梁材の上からＬ字型アングルを取りつけ、ＡＬＣパネルの固定と補強のすべてを支える受け材としています。

開口部に取りつけられている窓サッシや玄関ドア枠なども、すべてこの鉄製Ｌ字型アングルに溶接固定がされています。そして固定されている鉄製L字型アングル補強材料への雨水侵入を防いでいる防水材が、ALCパネル層間や開口部周りのシーリング防水材なのです。

このシーリング防水材の機能が落ちれば、鉄製であるL字型アングルはやがてさびてしまいます。雨水侵入は、室内に雨漏りがした水を拭き取る、バケツで受け止めるなどして、生活に支障がなければ多少我慢するという問題ではないのです。

鉄部のさびに関しては、さび始めの当初は表面的なさびで済みますが、雨水が継続的に侵入し続けると、さび水が染み出る程度ではすまなくなります。

正常な鉄材がカチカチのかた焼きせんべいだとすると、長期間水分にさらされた鉄材は、パイ生地のようなミルフィーユのような状態にまでなってしまうのです。強度がどれくらいなどという次元を通り越して、原型をとどめられないほどボソボソになっている鉄材を見たこともあります。

そうならないためにも、建物外部の外壁と屋根の防水性を維持することはとても大切です。

2　鉄骨建物の特徴

鉄骨建物には多くのメリットがある

鉄骨建物は、木造建物より多くのメリットがあるので、木造建築ではなく鉄骨建築で建築したという方も、意外と多いのではないでしょうか。

鉄骨建物は、建築コストも木造建物に比べると高く、工事期間も長くなるので、それなりのメリットがなければ、これだけ一般住宅としても普及することはなかったでしょう。

鉄骨建物のメリットは、木造建物の不安要素の１つでもある、耐震に関する強度が高いという点があります。大きな地震の際に不安になることといえば、建物が揺れに対して耐えられるかということです。鉄骨も木造も揺れることは同じであっても、鉄骨の強度は木造より高く、倒壊するという危険から回避できるので、大きな不安は解消されているのではないでしょうか。

それと、強度が高いので、建物寿命についても長いという安心感もあり、何といっても耐火構造という防火性能が高いという点が木造建物とは大きく違います。

結果として、安心して長く暮らすことができるということに対しての評価が、木造建物よりも高いということになるのでしょう。

鉄骨建物は雨漏りとは無関係？

鉄骨建物は、木造建物より工事費用も多くかかり、鉄骨造という強固な構造で建築され、木造建物と比べて様々な部分が優れているので、雨漏り？　そんなまさか、鉄骨建物とは無関係な一言では？　と思う方も多いかもしれません。

ところが、建物の年代や構造や規模とは関係なく、雨漏りで相談がある件数だけを見ると、鉄骨建物は他の構造建物に比べると割合が多いように感じます。

正確に全戸数から割り出したわけではありませんが、仮に木造建物と同等数の雨漏り相談があったとすると、全戸数では木造建物が多いので、割合で見ると鉄骨建物が多いということになります。

単純に考えても、「なぜ?」という疑問があると思います。

建築コストをかけ、工事期間も長期に渡り、耐震性と防火性についても強くなっているはずなのに、一体どうしてなのでしょうか。その理由については、一概には判断できません。なぜなら、すべての鉄骨建物が、一律に防水性が劣っているわけではないからです。

私が実際に建物調査をすると、それらの建物の特徴としては、大きく2つに分類されていて、本来であれば、建物修繕をする期間を迎えているにもかかわらず建物修繕をしていない建物と、もう一方は、ある程度の期間ごとに建物修繕をしているにもかかわらず雨漏りしている建物です。この2つの建物は、建物維持管理の視点で見ると正反対の経過を辿っています。

前者の場合は、言い方は悪いですが、維持管理せずに〝ほったらかし〟にしていたのですから、なるべくしてなった結果でしょう。

一方、適正なタイミングで建物修繕をしていたのであれば、その原因について疑問に思われるのは当然だと思います。

適正な時期の建物修繕と適正な建物修繕の違い

適正な時期に建物修繕をしていることと、適正な時期に「適正な建物修繕」をしていることは、同じようでも、後の結果としては大きく変わってきます。

ここでいう「適正な建物修繕」とは、「様々な気象状況下においても建物の防水性能を保つことができる建物修繕」という説明を付け加えさせてもらいます。

鉄骨構造の建物規模は、３階建以上で６階建くらいまでの規模が多いでしょうか。だとしたら、一般的な木造建物の2～3階建に比べると建物が高いので、強風による雨の影響を多く受けるという考え方もありますが、必ずしもそれだけが原因でもないようです。

建物の高さがあるので、風雨対策については、低層建物である木造建物よりも、建築基準法も含め、それなりの厳しい基準により建てられていて、十分な対策はされているはずです。では、他にどんな要因が考えられるのでしょうか。

仮に、適正な時期に建物修繕をしなかったという条件だけなら、建築当時に備わっていた防水性能が経年劣化により低下したことが原因と判断できます。

そこで、「適正な建物修繕」という意味が大切になります。

建物修繕は、建築当初より年数相応の時間が経過しているので、その当時とは防水性能に関する建築技術や考え方も変化しています。

ましてや、この5～10年くらいの間には、建物に対する自然環境である気象状況にも変化が現れていることを忘れてはいけません。

つまり、建物修繕をする際に建築された当時の状態に忠実に現状回復するだけでは、現在の自然環境には対応されていない建物となるのです。

厳密にいうと、建物所有者がプロの工事会社に建物修繕を依頼したのであれば、その依頼先である工事会社に、少し足りない部分があったことになるのかもしれません。

ところが、最終的な責任や被害を受けるのは、工事を依頼した自らになるので、自己責任ということになります。

鉄骨建物は、新築時の建築コストだけではなく、建物修繕費用についても木造建築より費用がかかるので、修繕工事の内容だけでなく、材料や工法、そして工事依頼先についても慎重に検討すべきであることはいうまでもありません。

建物構造を問わず防水性能を維持することは必要不可欠

建物修繕では、経年劣化により傷んだ外壁や屋根の修繕を行うことは1つの目的ですが、もう1つ大切な目的は、建物の防水性能を保つことにあります。

この建物の防水性能に関しては、建物としては新しい技術で建築された鉄骨建物のほうが、古来の木造建物よりも防水性能に関するリスクが高いという考え方を持つ必要があります。

それは、木造建物に比べると、防水材の性能に依存している部分が多いからです。木造建物にも同じような要素はありますが、もう少し形状で防水性能を保っている部分もあります。そう考えると、鉄骨建物は、優れている性能が低下したとたんに、建物全体の防水性能が落ちることになります。

また、形状的な要素で防水性能を維持されていないということは、自然環境下における暴風雨に対しても、同様に性能だけで立ち向かっていることになるのです。

3　外壁にある開口部

どんな建物にも窓サッシはつけられている

建物構造を問わず、建築物には窓開口が設置されています。住宅の窓開口面積は、建築基準法により、各居室に部屋の床面積に対して7分の1以上の開口面積を確保するように定められています。そのため、倉庫や物入れでもない限り、住宅の居室には窓開口が設けられ、アルミサッシなど自然の明かりを取り込めるよう設置されています。

普通に考えれば、部屋に窓サッシがあることは当たり前なので、設置の必要面積や取付け方などを深く考えることはあまりないと思います。

ところが、鉄骨建物における建物全体の防水性能に関して見ると、窓サッシ周りの防水性を維持することがとても重要になるのです。

窓開口を、表現を変えて、外壁に開けられた四角い大きな穴と考えてみてください。「四角い穴」というとちょっと抵抗があるかもしれませんが、実際に建物建築をする側から見ると、そのような認識で建築をしています。

雨水が室内に入らない仕組みとする

建物外壁には様々な穴が開けられていますが、窓開口もその1つと考えれば、開口部から雨水が室内に入らないような構造としていることはご存知のとおりです。

ところが、実際に鉄骨建物の外壁から雨漏りをしている建物事例を見ると、何と窓開口周囲からの雨漏りがとても多いという実態があるのです。

この窓周りからという表現としては2通りの意味があり、窓周りから雨水が侵入する場合と、他の部分から入った雨水が窓開口周りから室内に漏れ出るという場合があります。

現在の建築物は、生活に必要なライフラインが外壁を貫通して内外へと通過する構造となっており、それらの穴周りには防水性を維持するための処理が施されています。窓サッシは、それらのライフライン用の穴よりは大きな開口になりますが、同様に防水性を維持する処理が重要となります。

窓開口に設置されているアルミサッシは、工場の品質管理下において製造され、サッシメーカーが耐暴風試験などを行っているので、しっかり窓を閉めておけばアルミサッシ内側から雨水が入ることはありません。

ところが、アルミサッシ周りの防水処理に関しては、現場での処理になるので、その品質精度にはバラつきがあることも事実で、仮にその精度が低いと防水性能が低いことになってしまいます。

また、建物構造の種類の違いによっても、アルミサッシ周りが外壁開口部に付けられている形状に違いがあり、その取付形状もまた防水性能に関係があるのです。

前章では、日本の古代建築物はまだ優れた防水性能材料がなかった時代だったがゆえに、建物形状で雨水が建物に入ることを防ぐ構造となっていたことをお伝えしました。このような雨仕舞いの工夫は現在の建物にも応用されており、窓サッシを取り付ける前の壁開口部の断面形状において、四角い開口部の下の部分は、鉄筋コンクリート構造建物であれば外側に20㎜程度の傾斜がつけられています。

したがって、仮に窓周囲に雨水が浸み込んだ場合、内側ではなく外側に雨水が流れ出る仕組みとなっています。もしもこの開口部下の形状が水平なら、浸み込んだ雨水の半分は内側に流れ入ってしまうことになるからです。

ところが、鉄骨建物の外壁はＡＬＣまたはモルタル造なので、このような傾斜をつける構造とすることができていません。

また、開口部下以外の両サイドと上部の形状についても、鉄筋コンクリート造建物の場合には躯体形状で少しの段差をつけることで、サッシの外周部が躯体内に少し入り込む形状として取付けがされています。この躯体内にサッシの外周部を入れることで、２次防水材である防水モルタルを埋めることと、躯体とサッシの取付面が外部面に対して平行に面するのではなく90度内側面となり、雨水を直接当たりにくくする目的があります。

さらに、開口上部に関しては、壁から流れ伝わった雨水が躯体とサッシとの取付部において躯体部で水が流れ落ちる「水切り」の形状となることで、１次防水材であるシーリングによる性能に頼る構造とせず、形状で防ぐ構造としている特徴もあります。

鉄骨建物はどうしても窓周りの防水性が衰える

このように防水性能に頼る割合が多い建物は、その性能が低下すると、どうしても建物全体の防水性能が失われてしまいます。鉄骨建物におけるこれらの窓開口部の内部構造を理解することで、窓開口周りの性能を補うべく建物修繕をする必要があるのです。

一般的な建物修繕においては、窓周りのシーリング材の打替えなどを標準的な工事とします。打替えとは、現在打たれている古いシーリング材を撤去して新しいシーリング材を打ち込むということです。

ここで大切なことは、古いシーリング材を先に取ることで、間違っても古いシーリング材の上に新しいシーリング材を打ってはいけないということになります。

どちらも仕上がりは同じに見えますが、後者の被せ打ちの場合には、新しいシーリングの断面積が確保されていないことと、内部ではサッシと躯体との接着面に新たなシーリング材ではなく古く劣化して防水性能が失われたものがあるので、表面のシーリング材が防水機能を果たせていないことになるからです。

開口部の内部構造を知る

窓サッシ周りから雨漏りをしている場合の修理方法としては、本来であれば内側の内装壁を部分

【図表９　ＡＬＣ建物の窓開口部断面】

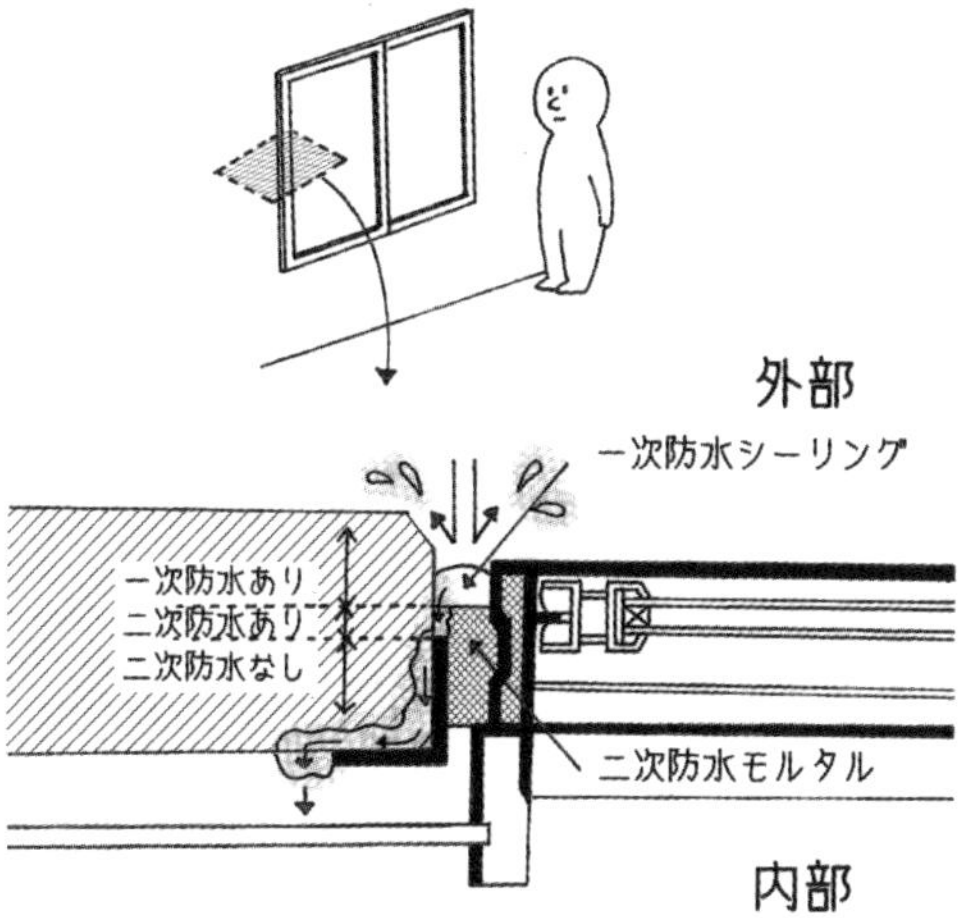

的にでも開口して、躯体外壁のどの部分から雨水が流れ出ているのかの確認が必要となります。

ＡＬＣ建物の窓開口部には、開口補強の目的で鉄製アングル（L型の鉄骨）が入っていて、外壁ＡＬＣ材や窓サッシなどもこの鉄製補強アングルに溶接固定がされているのです。開口断面を注意深く観察すると、ＡＬＣ躯体＋補強アングル＋アルミサッシという配列で接続されていることがわかります。

そして、アルミサッシの内外の取付出入り位置によっては、アルミサッシとＡＬＣ躯体をこの補強アングルで完全にさえぎってしまうこともあります。

この場合は、補強アングルとアルミサッシの間にしっかりと２次防水である防水モルタル埋めがされていても、ＡＬＣ躯体と補強アングルの間に防水処理がされていなければ、１次防水であるシーリングの性能が低下したとたんに雨漏りとなります。

このような状態となっているかの判断としては、

取り付けられているアルミサッシを外しても確認することはできません。そこで、内壁の雨漏りしている部分をはがすことで、躯体内側を見て、雨水が浸み出している箇所を判断します。そうすることで2次防水材に防水性能を回復させる目的で、樹脂注入などの対処をすることも可能となるからです。

もしも雨漏りがサッシ周りからではなく、補強アングルとALCの間からであれば、2次防水であるモルタルが機能していないことになるので、補強アングルとALC躯体間の何らかの防水処理が必要となります。

4 鉄骨建物は風雨に注意

地震に強い鉄骨造のデメリットとは

鉄骨建物の外壁材料は、昭和50年代の中頃まではモルタル塗り外壁とする建物がほとんどでした。モルタル塗りの厚みは30㎜程度と薄く、内部にラス網が入っているものの、割れを防ぐというほどの効果はなく、どちらかというと割れが入っても剥落しない程度の効果しかありませんでした。

その後は、ALC材という、厚さ100㎜程度の軽量気泡コンクリート製の外壁材を使うようになり、現在建築されている鉄骨造建物外壁においてもALC外壁材が使われています。

また、大手ハウスメーカーでも、このALC材料をヘーベルボードというオリジナル外壁材料として利用し、ブランド商品化しているので、多くの方が知っていることと思います。

ＡＬＣ外壁材は、このように鉄骨建物外壁として広く一般的に利用され始めてから40年もの期間、ロングセラー建材として建物外壁材料として使われています。

鉄骨建物は、耐久性が強いというメリットがあるがゆえに、長期間に渡り建物として世の中に存在し続けるという現状から、定期的な修繕が必要であることはいうまでもありません。

ところが、現在存在している鉄骨建築物の建物調査をすると、実際に建物修繕が必要な時期に何ら修繕をすることなく、建物に不具合が発生していることが多く見られるのです。

鉄骨ＡＬＣ建物に、築年数が経つことで発生する不具合に多くある現象の１つに、暴風雨による雨漏りがあります。この「暴風雨による雨漏り」という表現をしたのには、理由があります。それは、暴風雨という気象条件下でしか雨漏りは発見できず、暴風を伴わない大雨では、雨水侵入することがないということです。

それについては後ほど詳しくご説明しますが、鉄骨ＡＬＣ建物のもう１つの特徴として、経年による建物修繕が必要な時期になっているにもかかわらず、適正なタイミングでの修繕をしていない建物に発生してしまう雨漏りが、同様に必要な時期タイミングで建物修繕をしていない、他の構造である木造や鉄筋コンクリート造の建物と比べると、被害の状況が大きいという点があります。

簡単にいえば、他の構造よりも雨漏りによる被害が発生するリスクが大きいということになります。

この状況は、鉄骨ＡＬＣ建物構造としている建物においては、大手ハウスメーカーが建てた建物であろうと、一般の工務店が建築した建物であろうと大きな違いはなく、どちらも同様の特徴があり、構造的な部分が関係していると考えられます。

ＡＬＣ外壁の特徴はパネル材が組み立てられていること

鉄骨ＡＬＣ建物の外壁は、外観上は一体に見えますが、実際には工場で製造されたＷ６００㎜×Ｈ３０００㎜程度の大きさのパネルを、現場で1枚1枚を取り付け、つなぎ合わせて建物外壁として造られています。

ということは、一体に見える外壁は、何枚ものＡＬＣパネル材により組み立てられていて、言い方を変えると、パネル組立工法ということになります。

これらの単体パネルの組み立てられたつなぎ目部分には、接続面があります。接続部はパネル面と同様に、耐火建築物としての防火性能を有する必要があり、火災による延焼に影響が出るような隙間などがないように建築され、検査され、建物が完成しています。

ところが、この防火性能を有している状態だけでは、建物として足りない性能があります。それが防水性能で、その防火性能が維持された状態の上に防水処理を行うのです。

具体的には、パネルのジョイント目地部にシーリングという防水材料を打ち込むことで、建物全体に防水性能を持たせることになります。シーリングはＡＬＣパネル間の目地と、窓サッシなどの開口部周りの接続部にも同様に、打ち込むことで防水性能を維持しています。

劣化の判断がしにくい鉄骨建物

シーリングは、防水材料なので、当然ですが優れた防水性能により、ＡＬＣパネル間または窓サッシとの間の止水性能を維持します。そして、鉄骨造の建物形状的に、外壁面上部に木造建物のような屋根ひさしがないので、常に雨が降ると濡れて、外壁面を雨水が流れる状態となるのです。

さらに、近年の気象状況の特徴である暴風雨は、垂直壁面に雨水が吹き付けるという特徴があり、壁面の防水機能が建物全体の防水性能に関係しています。

鉄骨建物は、見た目の劣化が目立たないというのも特徴です。木造建物の外壁材料で使われているモルタル塗りやサイディング材などの厚み20㎜程度のものと比べ１００㎜の厚みがあり、経年によるひび割れや劣化状況が極端に表れることがないことも、適正なタイミングでの建物修繕の時期を遅らせている理由の1つであるでしょう。

建物修繕にはそれなりの費用がかかるので、必要性が生じた時点で対処しようと考えるのは当然かと思います。

鉄骨は揺れに強いがＡＬＣパネルは柔軟性がない

鉄骨造は、地震の揺れに対して強いという反面、外壁材であるＡＬＣパネル材には鉄骨のような柔軟強度がないので、建物が揺れた場合に起こる事象によりＡＬＣパネルにはひび割れが入ってしまいます。このひび割れには、ＡＬＣパネルの性能が高いことからの大きな盲点があります。ＡＬＣパネル内には、５〜６㎜程度の鉄筋が入れられていて、パネルの強度を保っています。鉄筋の役割は、建物に加わる引っ張り力に対し、対抗力を持たせる特徴があります。

そのため、地震の揺れで外壁パネルに入るひび割れを、最小限に抑えることができるのです。実際にＡＬＣ外壁に入っているひび割れを見ると、外観目視で発見するにはよほどしっかりと観察しなければ確認できないほど小さなものです。

これが、一目では発見しにくいという盲点となり、発見が遅れるというデメリットとなってしまうのです。また、そのひび割れの最大の欠点が、１００㎜厚さのある壁の外側から内側まで貫通しているという事実です。

ひび割れは、小さくても貫通していれば、大量に壁面に雨水が吹き付ける暴風雨においての雨漏りリスクが高いことが、ご理解いただけたことと思います。

５　鉄骨ＡＬＣ造の外壁の防水構造

１次防水構造と２次防水構造

建物は、構造の種類の違いはあっても、必ず建物としての基本性能である防水性が備えられています。ただし、構造の種類ごとにその防水性能に対する考え方や、使われている防水材料や防水工法にも違いがあり、一律に同じではありません。

鉄骨造の建物は、主要構造部材や外壁材については耐火構造とし、耐火建築物という分類となります。材質の特徴としては、木造より鉄筋コンクリート造のほうに近い構造となっています。

建物の規模に関しても、鉄骨強度が強いという特徴があり、木造建物が３階建てまでなのと比べて５～６階建てと、鉄筋コンクリート造同様に比較的大きな建物構造とすることが可能です。建物形状を見ても、形は鉄筋コンクリート同様に、屋根と壁面共に垂直水平と四角い建物形状です。

ところが、建物の組立形状に関しては、構造骨組みに外壁材を取り付けるという納まりとなっていて、どちらかというと木造建物に近い組立構造となっています。

鉄筋コンクリート造のように、構造体である柱、梁、壁が隙間なくすべて一体となっているのではなく、様々な部材が現場で組み立てられ、それぞれのつなぎ部分に防水処理がされて、建物全体の防水性能が維持されています。

このように、種類の違う材料をつなぎ合わせて造られている鉄骨造と木造ですが、実は防水面で１つ決定的な違いがあります。それは、防水性能における層の問題です。

木造建物の外壁の防水構造は、１次防水層と２次防水層の２層構造から防水性能が維持されています。１次防水材である外壁サイディングの継ぎ目にはシーリング防水処理がされ、さらにそのサイディングの内側には防水シートがあり、万が一サイディング面から内部に雨水が入っても、２次防水層である防水シートにより雨水侵入を防ぐ構造となっています。

また、窓サッシ周りも同様に、サッシ周りにはシーリングが打たれていますが、さらにその内部にはツバ付きサッシ部と防水シートが防水粘着テープで貼り付けてあり、2次防水構造としています。

日本古来の建築も2重防水構造だった

この建物の2重防水構造自体は、現在の建物だけではなく、日本古来の建築物でも同様の考え方により建物が造られていました。

例えば、屋根の場合、屋根瓦の下地には木材の上に杉皮材を貼り、その上に土塗りをしてから屋根瓦葺きとしており、仮に少量の雨水が瓦の合わせ部から吹き込んだとしても、土がいったん水分を吸収し、さらには杉皮で水分を軒先に流す構造としています。

外壁についても、土壁の上に1度漆喰を塗ってから板張りとするなど、主要な梁や柱木材へ雨水を近づけない構造とする工夫がされ、建物が造られていました。

この基本的な考え方は、現在建築されている木造建築物でも、建物の防水性能という考え方として引き継がれています。

鉄骨建物における防水性能

鉄骨建物において、建物構造は、鉄筋コンクリートと同類である不燃材による耐火構造とし、組立方については木造と同様に、主要構造材と外壁材料それぞれ別の部材を現場で組み立てる構造としています。

では、外壁の防水性能に関してはというと、先ほどの木造建物のような2重防水構造とはなっておらず、外壁表面の1次防水構造としています。

どちらかというと、建物構造的には、耐火構造である鉄筋コンクリートに近い不燃材料から造られていることからなのかもしれません。

けれども、実際の建物の組立構造は、木造のように主要の柱梁材に外壁が組み立てられて、窓サッシなどが取り付けられているので、それらのつなぎ部の1次防水層機能が低下した場合においては、木造建物と同様に、2次防水を必要とする考え方があります。

実際、外壁部材の継ぎ目部分である1次防水材のシーリングの内側には2次防水材であるモルタル防水材が入っていますが、その防水性能については確実な性能が発揮できていないケースも多々あります。

防水性能が発揮できない理由

その理由は、1次防水材のシーリング材が経年劣化により防水性能が低下した時点で、雨水が建物に侵入している場合があることです。

そもそも鉄骨造の2次防水材として使われているモルタル防水は、簡易防水材で、モルタルを練るときに防水液を混入したものをモルタル防水材としています。

普通のモルタルより水密性が高いという程度で、一般的な防水材のような伸縮性や弾力性はありません。鉄筋コンクリート造でも同様に、2次防水材料としてモルタル防水埋めにしていますが、鉄筋コンクリート造は鋼接合構造で、地震の揺れに対して柱梁壁の接合部は一体となっていて、揺れを動きで緩衝する構造とはしていないので、窓サッシに埋められたモルタル防水に柔軟性がなくても、防水性能を維持できるのです。

それに比べ鉄骨造は、柱梁の接合が鋼接合ではなくピン接合で、ある程度動くことを前提として造られている建物なので、各部材の接合部に使う防水材料には、ゴムのような伸縮性能が必要となります。

1次防水として外壁面に使われているシーリング材については、一定量の変形を繰り返し加える耐久試験を行うことで建物特性の動きにも追随する材料がつくられ、防水性能を発揮しています。

しかし、2次防水では、動きに対して性能を維持できないモルタル防水を2次防水材として頼るには、長期的に見ると少し無理があるのかもしれません。それは、長い期間に建物には地震力も含め外力が加わり、揺れ動くことがわかっているからです。

残念なことに、鉄骨造建物の外壁材や2次防水材料であるモルタルには伸縮柔軟性がなく、ひび割れが入ってしまうと構造上そのひび割れは外側から内側まで貫通し、雨水の通り道となってしまいます。

この鉄骨構造の雨仕舞いについて、現在存在する建物についてはは変えようがないので、存在する建物に対してどうすれば２次防水機能を持たせることができるか、１次防水性能を高められるかを考えて、建物修繕をすることになります。

方法としては、現在雨漏りがない建物であれば２次防水が機能していると判断し、雨漏りしているのであれば２次防水が機能していないと判断して、その機能していない２次防水の箇所がわかるのであれば、その部分に樹脂防水材を注入するなどの対策をすることができます。

また、その箇所が断定できないようであれば、１次防水材料に高耐久および一定量の変形に対しての性能が維持されているシーリング材料を使うとよいでしょう。

６　ＡＬＣ取付固定方法の違い

年代による違い

ＡＬＣパネル外壁構造は、すでに50年以上の歴史があり、多くの建物外壁材料として利用されてきました。

鉄骨構造への取付工法においても、年代ごとに建物の品質確保を向上する目的で、ＡＬＣ取付構造法基準が定められています。

現在、建物の修繕が多く行われている築20年程度経過したＡＬＣ建物は、昭和58年に制定された

「ＡＬＣ取付構造法基準」により、標準工法に基づいて施工されています。

その当時の工法は、パネルの上下に穴開けをしてボルトによる固定をし、各パネル間については縦鉄筋を入れてモルタル充填をし、各パネルを一体とする構造としています。

その後、平成13年に工法標準が見直され、「縦壁挿入筋構造」という各パネルを一体化する工法が削除され、縦壁ロッキング工法が主流となりました。

さらに、平成25年の改定により、間仕切壁においてもロッキング工法が採用され、建物全体の品質確保が標準化されることになっています。

そこまでの間には、縦壁スライド工法、横壁ロッキング工法、横壁ボルト止め工法などが縦壁挿入筋構造の削除以降も混在していましたが、平成23年の東日本大震災による建物の損傷状態の調査の結果を踏まえて、平成25年に現在でも標準工法とされているロッキング工法を標準工法とした経緯があります。

ロッキング工法（構法）は地震に強い

ロッキング工法（構法）は、鉄骨構造の揺れに伴う変形に対し、ＡＬＣパネル1枚ごとにその動きに追随するよう上下のみで固定する工法となっています。パネルの層間といわれるタテ目地継ぎ目に当たる部分は、接続固定がされず、動きに対応できる構造としています。ということは、その壁内部は完全な接続がなく、隙間があることになるのです。

【図表10　ロッキング工法（構法）とモルタル固定工法】

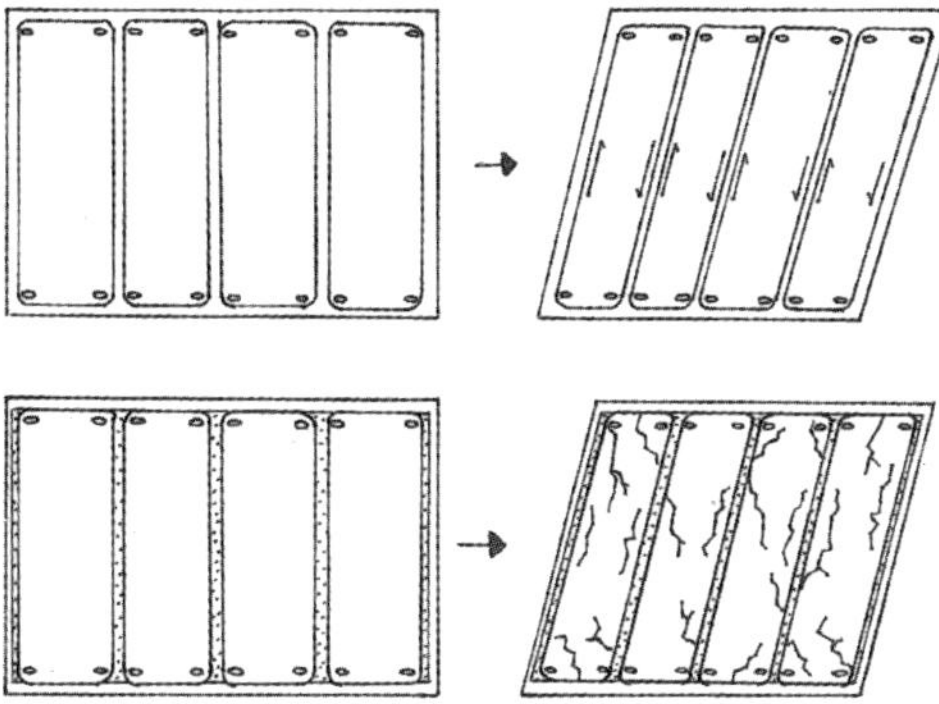

ただし、その外部面には、伸縮性のあるシーリングという防水材料が打ち込まれていて、建物外壁全体の防水性能を確保しています。

このロッキング工法のメリットは、パネル層間で建物の揺れに追随できないそれまでの工法で発生するパネルのひずみによる「ひび割れ」を防止する役割です。パネルの構造強度を保つことは当然ですが、ひび割れによる建物への雨水侵入についても、結果的には防ぐ効果を発揮しています。

この工法が使われるようになってからの建物品質は、確実に確保され、向上していることが、実在する建物を見てもよくわかります。

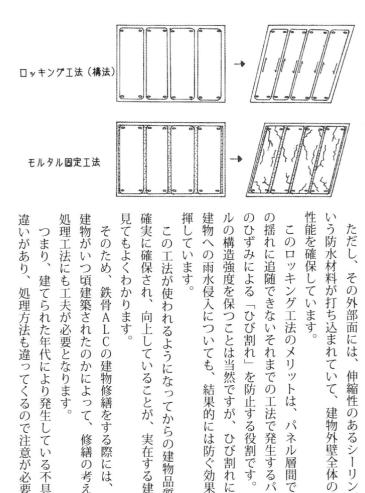

そのため、鉄骨ＡＬＣの建物修繕をする際には、その建物がいつ頃建築されたのかによって、修繕の考え方や処理工法にも工夫が必要となります。

つまり、建てられた年代により発生している不具合に違いがあり、処理方法も違ってくるので注意が必要なのです。

以前の工法の建物修繕の注意点

現在の標準工法としているロッキング工法が、完全に標準工法となってからまだ10年も経過していないということは、今建物修繕を必要としているのはそれ以前に標準とされていた工法で建てられた建物になるわけです。

現在、修繕対象となっている築20年以上経過しているALC建物の工法は、パネル層間が固定された「縦壁挿入筋構造」で、建物修繕の際に注意をしなければいけない部分がパネルに入っているひび割れになります。

層間の目地シーリングの打替えを行うことは当然ですが、微細なひび割れが見落としがちとなります。一般的に、ひび割れの種類分けをすると、0・3㎜以下の軽微なひび割れを「ヘアークラック」、0・3㎜を超えるものを「構造クラック」と呼び、建物修繕においてはそれぞれ処理方法が違います。

通常、ヘアークラックについては、軽微である表面的な処理法とし、塗装仕上げが完了すると、ひび割れは跡形も見えなくなります。

もう一方の構造クラックについては、繰り返し動く可能性があり、V型またはU型に壁面をカットして、表面的な処理ではなく断面を確保した上で、シーリング処理を行うことが一般的です。

そうすることで、後に建物構造が揺れによる動きに追随し、防水性能を確保することができるのです。

このような処理方法が、一般的な修繕方法として今までは推奨されていましたが、近年の暴風雨が長時間続く気象条件下においては、従来であれば軽微なひび割れとして判断されていたヘアークラックも、構造クラック同様に雨水侵入のリスクがあります。

その理由は、ヘアークラックという０・３㎜以下の軽微なひび割れについても、外壁のクラックの内壁側に同じクラックがあり、クラックはパネル内外を貫通していることと、パネル内部の鉄筋が有効に働き軽微なクラックとして納まっているものの、表面的な処理後に建物に揺れによる動きが加われば、その影響が軽微なヘアークラックにも加わり、またひび割れてしまうからです。

建物修繕の際には、そのようなヘアークラックへ樹脂を注入し、パネル内の防水処理をすることで防水性能を維持することが可能となります。

新しい工法だからといって油断できない

今後、建物修繕をする傾向が増えるパネル層間の固定がされていない工法で建てられた建物については、それ以前に建てられた建物ほどパネルのひび割れは多くないでしょう。

でもそれは、建物の揺れに対するパネルへの影響が全くないということではありません。

構造鉄骨の揺れによる建物の変形する量が多い上層階の壁面やパネルは、その両側だけが緩衝する部分ではなく、上下左右ともぶつかり合う角部など、クラックが入りやすい箇所もあります。

また、パネル層間の固定がされていない工法は、層間の防水性を表面のシーリングによる1次防水のみで維持しているので、シーリング材の経年劣化による防水性能低下が予測されるため、シーリング材の防水性能が低下する前に建物修繕を計画し対処する必要があります。

なぜなら外壁面の防水性能は、近年多発している暴風雨の影響を多く受けやすい箇所となるからです。

7　端末部の防水性能

パラペットとアルミ笠木の関係

鉄骨ＡＬＣ建物の壁端末は、パネルの端部に当たる部分に直接雨がかからないように、アルミ笠木という金物が設置されています。

箇所でいうと、屋上外周部のパラペットと呼ばれる端末立上りの天端部分や、バルコニーや廊下の手すり天端などに付けられています。

アルミ笠木材料自体は、ＡＬＣ建物以外の木造や鉄筋コンクリート造などの建物にも一般的に使われています。

アルミ製品の笠木が一般的に利用される前は、板金を笠木形状に加工をした板金笠木が多く使われていましたが、ジョイント部の雨仕舞いが悪いことや、木下地の上に板金自体に釘打ち固定とするので強度が弱いこと、笠木に釘穴を開けるというデメリットがありました。

現在は、板金笠木とすることはほとんどなく、エクステリアメーカーの既製品であるアルミ笠木とするので、笠木としての性能が安定しているという特徴があります。

アルミ笠木を設置するのは、端末部に直接雨がかかるのを防ぐ目的です。この端末部は水平面となるので、雨水がたまり侵入する危険性があるからです。

端末部には、ＡＬＣのジョイント部の小口があるので、シーリングなどの防水処理は施されていても、直接雨がかかりしないようにするためでもあります。

オープンジョイント工法

アルミ笠木自体も、４ｍ程度の長さのものをジョイントして取り付けるので、すべて一体とはなっていませんが、ジョイントには溝付きの裏板材を入れ、雨水が笠木内側に入ることを防ぎ、外側に雨水が流れ出る構造としています。

このジョイント構造のことを「オープンジョイント工法」といい、排水機能は備わっていますが、長年の土ぼこりにより目詰りすると、その機能が低下することもあります。

アルミ笠木は、パラペットや手すり天端端末の水切り機能としているので、建物によってはその下地である端末天端に防水処理がされていない場合もあります。

その場合には、アルミ笠木とＡＬＣ躯体との隙間を、適正である20㎜以下程度でしっかりとのみ

【図表11　パラペットのアルミ笠木断面詳細】

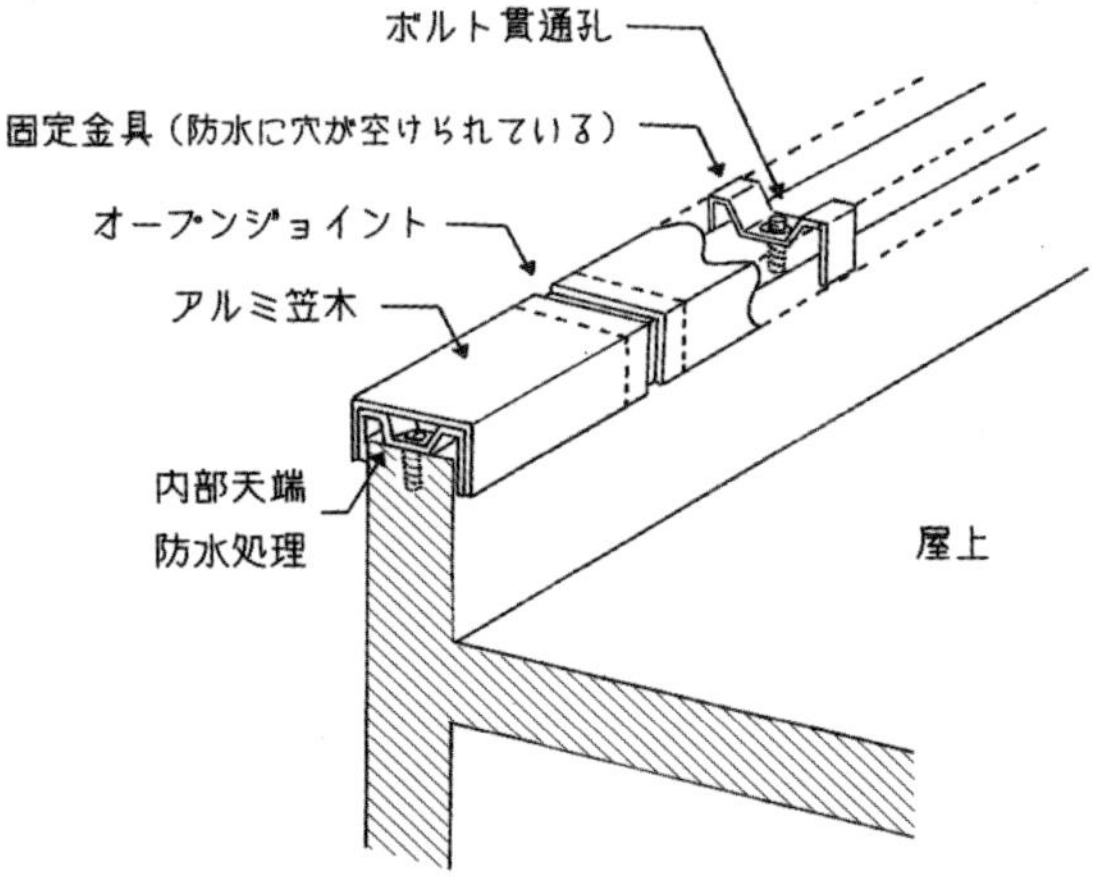

込み、深さが確保されていれば、内部に吹き込む恐れはありません。

ところが、現場での取付状態によっては、アルミ笠木とＡＬＣ躯体の間隔が広く、のみ込みが浅いと、強風により吹き込む危険性が高くなります。

アルミ笠木については、防水工事と併せて脱着してパラペット内部の確認をすべてする必要はありませんが、笠木下周辺部に水分が侵入した形跡があれば、取り外して天端の状態を確認する必要があります。

その際の注意点としては、内部天端の防水処理がされているかの確認をすることは当然ですが、アルミ笠木の固定金具の取付アンカーボルトの穴周りにシーリングによる防水処理がされているのかの確認をします。

意外にも、この固定アンカーボルト部のシーリング処理がされていないことが多いので要注意です。

アルミ笠木にも弱点がある？

アルミ笠木のジョイント部分は、オープンジョイントとなっていて、雨が外に切れる構造としていますが、箇所によってはこのような水切形状とされていない部分もあります。

直線上にあるジョイントは問題ありませんが、端部やコーナー部分の部材接続部には、オープンジョイントのように水が切れる構造にすることができないので、シーリングにより納められている建物もあります。

そのような場合には、既存のシーリングを撤去してから新規に打ち込むことは当然ですが、シーリング断面の厚みを確保することが大切になります。

もし、アルミ笠木分の厚みが２㎜程度しか取れない場合には、両側のアルミ材に被せる形のオーバーブリッチ工法というシーリング処理とすることをおすすめします。

吹込みリスクが高い箇所

建物形状によっては、アルミ笠木端末が外壁に突き当たる場合があります。

例えば、屋上に塔屋がある壁面と、パラペットが当たる部分などが、そのような納まりとなります。

その場合の注意点として、アルミ笠木端末が建物外壁に当たる部分についてはシーリング打ちがされるのですが、躯体の当たらない笠木部分の端末部分が空間のままとなるので、躯体からアルミ笠木の出幅分にバックアップ材等を入れて、シーリングで埋める必要があります。その部分処理が不足すると、暴風雨の横風で雨が吹き込み、笠木下に雨水が入ってしまいます。

パラペットは、アルミ笠木とせずに、モルタル塗りや、外壁タイルのコーナータイルを天端コーナーまで貼っている場合もあります。そのような納めとしている建物の修繕をする場合には、そのパラペット天端の防水処理をすることをおすすめします。

なぜかというと、新築時における建物形状がベストな状態とは限らず、時間経過とともにそれらの工法では防水性能の不足があると判断する場合もあるからです。

タイル面の目地セメント部分は、経年により、壁面の目地セメント部と比べ劣化が進み、えぐれている状態となっていることが多いのです。

このような状況に目地セメント埋め補修をしても、結局は同様の状態となり、進行すると雨水が浸み込む箇所となってしまいます。

そのため、パラペット天端にあるタイル部分は、外部からは意匠的に見えない部分となるので、全体的に防水材を塗り、完全防水とするとよいでしょう。

そうすることで、目地部の防水性能が確保されることと、パラペット周囲に入りやすいクラックへの防水対策としても有効になります。

パラペットの防水端末辺は、建物における雨漏りしやすい箇所に当たるので、フラットな壁面や屋根面より入り組んだ形状をしている部分などは、特に、雨水が入らない状態となっていることの確認が大切になります。

また、アルミ笠木は、「水切り」形状という、上から流れる水を防ぎ下に流す構造となっていて、外壁との間には空間があるので、暴風雨における吹込みの可能性についても、現在の気象状況を考えると、危険性があれば対処することも必要です。

8　タイル貼外壁の鉄骨建物

建物は動いている

鉄骨造建物は、主要構造である鉄骨には柔軟性があり、外壁材には柔軟性がない建材が使われていて、木造建物より重いので、地震では階数が高い建物ほど、揺れの許容範囲が大きいという特徴があります。

すでにご説明したとおり、地震で揺れることで建物外壁にはひずみが生じるので、ＡＬＣ外壁では、建物が揺れても隣合うＡＬＣパネルが緩衝せず損傷しないロッキング工法（構法）という造りとしています。

この工法では、外壁材についても鉄骨の動きにより外壁材へひずみが起こることが少なくなり、ひび割れの発生を抑える効果があるとされています。

動かない構造とするのではなく、一緒に動くことでパネル本体に損傷を与えないという考え方です。わかりやすくいうと、縦横にある層間目地が上下左右に少し動くことで、パネルへの衝撃を少なくする状態と考えられます。

そのため、層間目地上には伸縮性のある防水シーリング材が打ち込まれているので、揺れを緩衝し防水性能を保つ役割をしてくれるのです。

外壁仕上材料には影響がある

ＡＬＣパネル自体は、ロッキング工法により地震の揺れに対して影響が少ない構造としていることがわかりましたが、その外壁面にはさらに仕上げが施されていることを忘れてはいけません。

一般的には、塗装仕上げとされているケースが多いですが、建物によっては意匠デザイン性を求め、タイル貼りとしていることもあります。

外装タイル材料も、ＡＬＣパネル材と同様に柔軟性はない固い材料で、建物の揺れで動きが発生すると、ひび割れが発生することがあります。

ただし、タイル自体が単独でひび割れることはなく、下地の割れが仕上タイル面に伝わって割れるというかたちになるのです。

ＡＬＣパネルが、ロッキング工法によってひび割れなどの損傷を防ぐことができているのであれば、その表面に貼ってあるタイルについても揺れの影響を受けないのでは？　と考えるでしょう。

ところが、実際には、タイル貼りをしている建物が揺れると、タイル面に浮きや割れが発生します。その理由は、ＡＬＣ外壁の層間目地の上にタイルが被せ貼られている部分があれば、タイル下地となっている目地シーリングには動きがあるので、その動きが表面のタイルに伝わり、動くことができないタイルにひび割れや浮きが発生し、はがれてしまうのです。

建物によっては、揺れによる動きからタイルへの影響を防ぐため、ＡＬＣパネルの層間目地上に、同様にタイルにもシーリング目地を設けている建物もあります。

一般的に、パネル層間の水平目地については、そのように仕上タイル面にもシーリング目地を設けてあります。

目地があることで、動きに対する機能的な面では建物にとっては有効となりますが、意匠的な面やコスト的な面を考えると、建物の動きに対しての有効性を優先して、すべてのパネル層間部にパネル目地と同様の目地幅とするシーリング目地を設置している建物は、あまり見たことがありません。

タイル貼建物の問題点

ＡＬＣ外壁にタイル貼りがされている建物には、新しいロッキング工法としている場合や、昭和58年以降から採用されている鉄筋＋モルタル埋めをして壁面を一体構造とした建物がありますが、いずれの建物においても、年数が経てば建物修繕を計画する必要があります。

そこで問題となるのが、タイルに覆われて表面から隠れているパネル層間のシーリングの打替えです。

層間目地でも各階間の水平目地に関しては、タイル部分にもパネル目地上にシーリング目地が設置されている建物がほとんどなので、併せて打ち替えることが可能となります。問題なのは、縦層間の垂直目地部分については、ほとんどのタイル貼建物でパネル目地上に同幅のシーリング目地が設置されていない点です。

つまり、内部のシーリング目地の打替えができないということになります。

費用が多くかかっても、何としてでも内部のパネル層間の目地シーリングの打替えをするならば、目地上に貼られているタイルを1度はがしてシーリング打替えをしてから、再度その上にタイル貼りをする方法があります。

もしくは、パネル層間目地上に同じ幅でタイルをカットして、その部分に新たなシーリング目地を設けるという方法もあります。

いずれの方法についても、目地上に貼られている部分すべての工事はかなりの費用や手間がかかります。

建物にとってよいのはわかっても、実際にそこまでして内部シーリングをしようという建物所有者はあまりいないでしょう。

現実的な対応方法としては、パネル層間上に動きが発生してタイルが割れたりはがれたりしていた部分に対して、タイル貼換え後にパネル層間と同じ幅にタイルをカットして、シーリング目地を設置するとよいでしょう。

動きが発生し割れやはがれがあった箇所には、地震の揺れ等で同様の動きが繰り返し発生する可能性が高いので、新たにタイル上に設けた目地については〝揺れるならどうぞ揺れてください大丈夫ですよ〟という意味においての「誘発目地」として設置します。

意匠的な目地ではなく、動きに追随することが目的となるので、目地は3面接着ではなくできれば2面接着とし、シーリングと躯体の接着面の負担を軽減することによって、接着面破断を防ぐようにします。

雨漏りしている場合

雨漏りしている原因がタイル内部に覆われているパネル層間の目地シーリングということが明らかな場合には、タイル面に割れやはがれが発生している場合と同様に、内部の目地シーリングの打替えと、タイル面にも同様の目地を設けてシーリング処理します。

ただし、一般的にタイル壁面から雨水が侵入している場合の事例においては、パネル層間の目地の防水性能だけが原因ではなく、パネルに発生しているひび割れが関係していることも多くあります。

ということは、パネル層間部のシーリング処理をしただけでは雨漏りが直らない可能性があり、タイル壁面全体に透明の防水性塗装をする必要があります。

タイル面に塗る専用の防水塗料は、タイル目地のひび割れ部にも浸透性と伸縮性があり、ある程度の動きに対して追随性もあるので、タイル貼建物全体の防水性能を維持することが可能となります。

9　地震の揺れへの対策

現在の鉄骨造には制震機能が備わっている

鉄骨ＡＬＣ建物外壁は、平成13年にパネル層間内に鉄筋とモルタルで壁面を一体とする工法に替わり、「ロッキング工法（構法）」という、鉄骨建物が振れても隣り合うパネルが緩衝して損傷しない構造へと変化していきました。

そのため、外壁での揺れに対する拘束力が少なくなり、それへの対策として、少しでも揺れを制御する目的で、制震技術を採用し地震対策をした建物へと移り変わってきました。

鉄骨造は、鉄筋コンクリート造のような接合部を鋼構造とせず、ある程度動くことを想定したピン接合構造としているので、完全に揺れを防御するという形ではなく、揺れを吸収し制御するという考え方としています。

地震の多い日本ですから、ある程度の揺れについては許容し、影響のない状況を保てるよう、揺れによって建物構造体はもちろんのこと、外装仕上材についても損傷が出ないようにする必要があります。

地震による建物への影響は、よほどの大地震なら、建物の倒壊や大きな損傷を考えなければなりません。

しかし、鉄骨造建物においては、一般的な大型地震といわれる震度６強の横揺れ地震では、倒壊までの危険性はないと考えられています。

ただし、大きな揺れに鉄骨構造は耐えることができても、その他の構造物への影響として「ひび割れ」が入る現象が現れ、様々な影響を及ぼします。

ひび割れは、建物に変形を与えた状態となりますが、そのひび割れが後々雨水の侵入する入口となることを忘れてはいけません。

そして、軽微なひび割れになると、距離の離れた位置からは目視で確認することが難しくなり、発見が遅れることもあります。

壁面についてはロッキング工法（構法）である程度守られている

外壁は、この新たなロッキング工法で揺れを緩衝し、外壁パネルに与える損傷を少なくしてクラックが入りにくい構造としていますが、このある程度の揺れを許容することで、外壁以外にも影響を及ぼす部分があります。

そもそも日本の建築物というのは、地震の揺れからの影響を常に考慮し、建築されてきたともいえます。

現在建てられている建物は、建築基準法の耐震強度に対しての基準が設けられていますが、それ以前に建築された古い建築物については、当時の建築技術で、大工さんにより様々な工夫がされていました。

有名な建物としては、築1300年以上の歴史を持つ法隆寺の五重塔があります。

五重塔は、高さ30m以上あり、今の建物に置き換えると10階建のビルに相当するくらいの高さがあります。

現在の建築技術を持ってしても、10階建のビルを木造建築とすることは、建築基準法における耐震基準に相当させるには無理があるでしょう。

それが現存しているという事実から考えると、高度な建築技術により建築されていることがわかります。

建物の中心には芯柱という柱が吊り下げられていて、地震の揺れから振り子のように建物バランスを保つ構造とされています。

今でいうならば、鉄骨構造建物の地震による振れを建物に対して最小限に制御する制震技術にも相当しているのでしょう。

現在の鉄骨ALC建物のロッキング工法においても、揺れに対する影響を最小限に抑えるという考え方には共通するものがあります。

ただし制御するといっても、揺れを完全に防ぐという考え方ではなく、揺れの影響による損傷を受けにくくするということになります。

そして、ロッキング工法に関しては、外壁パネルにおけるパネル層間への対策であり、建物にはこの壁以外にも屋根水平面があることを忘れてはいけません。

陸屋根の構造

鉄骨造の陸屋根は、建物の最上部となり、建物下部よりも地震による揺れ許容が大きいので、揺れによる影響もしっかりと考える必要があります。

最上階の床スラブ構造としては、デッキプレート＋コンクリート打ちまたはＡＬＣパネルとし、その上にシート系またはアスファルト系の防水施工がされていて、露出タイプの場合と押え保護コンクリート打ちとしている場合があります。

この選択は、設計上の判断となり、どちらがよい悪いということはありません。建物重量を軽くしたい設計の場合には「露出工法」とし、重量を考慮した場合においては「保護押えコンクリート工法」としています。

露出工法の場合は揺れの影響を受けている

地震の揺れというのは、外壁パネルだけではなく、実は屋根スラブにも大きく影響を与えています。防水層が切れる原因の1つとして、屋根スラブのクラックの影響により切れる現象が考えられています。

新築時の防水層は、完全密着工法とするので、床スラブに線状のひび割れが入ると、割れた幅と同じだけ防水層が伸縮しなければ切れることになります。

保護押えコンクリート打ちがされている屋上についても、表面から防水層が見えないだけで、床スラブには揺れによる水平力が加わり、クラックに対するリスクは同様です。

新しいロッキング工法によって、建物が揺れることによる影響を受けにくくするために、屋上の床スラブについても同様に対策を取る必要があるのです。

そこで、建物修繕の計画をする場合には、屋上防水に関して新築時の防水層が密着工法をしていても、緩衝作用があり下地のクラックの影響を受けにくい「通気緩衝工法」とすることをおすすめします。

実際に鉄骨造の屋上防水をすると、既存防水層を撤去してから修繕防水を行う場合、防水層を撤去した後の下地に予想以上に多くクラックが入っていることがあります。結果として、準備工事としての躯体補修や下地処理に多くの手間がかかってしまうのです。

このような事実から、防水修繕では、表面的なクラックが確認されていなくても、床スラブの下地クラックの影響を受けない通気緩衝工法がおすすめです。

第5章　鉄筋コンクリート建物の修繕をする際の注意点

1　鉄筋コンクリート造は劣化すると取返しがつかない

鉄筋コンクリート造は地震に強い

鉄筋コンクリート建物というと、どんなイメージを思い浮かべるでしょうか。

頑丈な建物、地震に強い建物、重たい建物、建築士が設計する建物、木造より高価な建物――どれも、多くの方が鉄筋コンクリート建物をイメージする1つだと思います。

ただ、これらの特徴は、「鉄骨建物のイメージは？」との回答でも共通点が多いということで、一般の方々からすると、この両者の違いがわかりにくいというか、わからない方も多いようです。

鉄筋コンクリート建物は、主要構造部である柱、梁、壁、床がすべて同一の鉄筋コンクリートで造られているのに対して、鉄骨建物は主要構造部である柱と梁が鉄骨であって、それ以外の床や壁は鉄骨以外の材料です。

また、鉄骨建物は、それぞれの部材を現場で組み立てて建てるので、完成すると一体に見えますが、中身はすべて部材同士を継ぎ合わせて造られているという特徴があります。それに対し鉄筋コンクリート建物は、現場で建物を造るのは同じでも、鉄筋を型枠内に組み立て、その中に生コンクリートを流し込んで、固まると鉄筋コンクリート造というすべてが一体となった建物が完成します。

そのため、建物構造としては、鉄骨建物のように内部に材料同士の組立継ぎ目はありません。各階ごとに製造するために発生する、打ち継ぎというジョイント以外は、基本的に一体構造となっています。

この構造の特徴は、柱、梁、壁、床が、鋼接合という動きが発生しない構造となっていて、鉄骨建物や木造建物などの継ぎ合わせた構造とは大きな違いがあります。

鉄筋コンクリート造建物は、このような主要構造部ごとに動かない構造としているので、建物自重が重いのに地震の揺れに対して強いという特徴があります。

鉄筋コンクリート造は無敵ではない

ここまでの説明を聞けば、鉄筋コンクリートは、最強の建物で無敵の構造体であるかのように思えるのではないでしょうか。

実際に、耐火構造でもあるので、火災に対しても木造や鉄骨建物より耐火性能が優れている建物といえます。

他にも、一体構造ということで、耐暴風雨性にも優れていて、強風の影響による屋根のはがれや、大雨による建物への雨水侵入で腐る可能性も少ないと考えられています。

ところが、このように全く欠点のないように思われる鉄筋コンクリート建物にも、弱点はあります。それは、経年による構造劣化です。

厳密にいうと、経年劣化はどんな構造建物でも起こることなので、特別に鉄筋コンクリート建物だけの弱点ではありません。どちらかというと強いほうかもしれません。

ではなぜ、弱点と表現したかというと、鉄筋コンクリート建物構造は、様々な点が優れているがゆえに、頑丈であるという「過信」が建物所有者にあるかもしれないからです。

もちろん、強固ではありますが、実際には、他の構造建物同様に定期的な建物修繕が必要になります。当然、その点をしっかりと理解した上で、適切な修繕をしている建物もあります。

ですが、本来行うべきタイミングで建物修繕をしないで長期に渡り建物を放置すると、屋根や外壁仕上材料の性能が低下するだけではなく、主要構造体である柱や梁なども外壁躯体構造と一体なので、一緒にダメになってしまうのです。

構造体は交換ができない

木造や鉄骨建物の場合は、仮に本来のタイミングが遅れて壁内部の木材や鉄骨が腐ったりさびたりしても、主要構造部の柱や梁は簡単に交換することはできませんが、最悪の状況としては、壁の部分交換なら行うことが可能となります。

ところが、鉄筋コンクリート建物の場合は、傷んだからといって壁の一部を交換することはできません。できたとしても躯体補修工事といって、爆裂部のモルタル塗補修や浮きやクラック部へのエポキシ樹脂注入による、内部接着を行うことです。

ただし、劣化してしまった構造躯体の修復にも限界があり、現状の劣化状態が完全に新築時のような元の状態に戻るわけではありません。

あくまで、躯体の劣化状態を補修する形となるので、鉄筋がさびる進行を止めたり、割れた躯体の補修程度となって、厳密にコンクリート躯体の圧縮強度などを調べると低下していることでしょう。そうならないためにも、ある症状が現れたら修繕するタイミングのサインだと気づくことが大切です。

どんな構造の建物でも、長期的に見ると建物にはクラックが入ります。少々のクラックが入った程度では、コンクリートの圧縮に対する力と、鉄筋の引っ張りに強い力のバランスがある程度保たれていれば、構造的にはひび割れ程度でおさまり、建物が変形して崩れることはありません。

コンクリートにクラックが入ると

問題なのは、クラックから水分が躯体内に浸み込んで、内部の鉄筋がさびることです。

内部の鉄筋の表面がさびると、コンクリートとの付着力が低下します。コンクリートと一体になることで保たれている強度が低下して、最終的にはさびた鉄筋表面が膨らんでその付着しているコンクリートを破壊し、爆裂という状態が発生してしまいます。

爆裂すると、破壊されたその部分は当然にして強度はなくなりますが、構造体自体の断面積が少なくなるので、本来負担する荷重を他の残った断面で負担することになり、そのバランスが崩れると他の部分へ影響を与えることとなります。

また、1度躯体が爆裂して破壊された部分は、鉄筋の露出を防ぐためにモルタル埋めで補修しますが、正常なコンクリートと同等の強度には届きません。

そのような事実から、鉄筋コンクリート造建物は、構造躯体の劣化状況が初期の時点において、適正な補修をせずに放置して長期の期間を経ると、いくら大がかりな建物修繕をしても元の構造強度の状態には戻らないということを理解してください。

そして、このひび割れに対する雨水侵入のリスクは、気象庁のデータによると、ここ数年で発生する条件や頻度がとても増えています。外壁のひび割れに対する対策に対しては、明らかに過去の時代と比べ早期にしっかりとした修繕対応が必要となっていますので、建物所有者もその変化を敏感に感じ取る必要があります。

2 高層部分の建物劣化

階数が高くなると様々な影響を多く受ける

鉄筋コンリート建物の特徴としては、構造的な部分が他の建物と比べて大きく異なる点があり、維持管理についても考え方を少し変えて対応する必要性があることをご理解いただけたと思います。

そして、もう1つ、建物階数である地上からの高さがあります。木造建物なら3階までで、鉄骨建物でも5~6階までの建物もありますが、低層建築物である3~4階建の建物数がとても多いというのが現状です。建物の高さが高くなると、受ける影響として「風」があり、建築基準法においても、地上13mを超える部分に対する耐風圧力の計算方法が変わります。

建物の高さが高くなることで、法的な規制においての基準が変わるということです。簡単にいうと、高い建物は、強風の影響を受けるので、建築時に強風に対しての影響を受けにくい造りとしてくださいということでしょう。

鉄筋コンクリートの重さとしては、比重という水との重さの比較でいうと、水の約2・45倍程度となり、他の建物に使われている建材類と比較してもとても重たい構造となっています。鉄骨造も鉄骨だけであれば7・85倍ととても重いのですが、外装材料で使われているALC材は0・6程度と軽量なので、建物総自重でいうと鉄筋コンクリート造建物のほうが重い建物になります。

鉄筋コンクリート建物といっても、建物全体を見ると、コンクリート以外の建材類も多く使われていて、ひと昔前であれば鉄製の工作物が多く使われていましたが、現在ではそれらの多くが既製のアルミ製品で、エクステリア建材メーカーが製造したものを取り付けて、建物の一部としています。

例えば、アルミサッシ、アルミ手すり、アルミ笠木、アルミ換気フードキャップなど、鉄筋コンクリート建物をよく見ると、様々なところにアルミ製品が使われています。これらのアルミ製品は工場の品質管理のもとで製造されているので、性能が安定しています。そして、鉄製品と比べて、これらのアルミ製品の大きな特徴はさびないという点です。

アルミ製品も、経年により、表面のアルマイトが劣化してツヤがなくなったり、汚れがつきやすくなったりはしますが、さびることはありません。

ただし、注意が必要な点もあります。それは、屋上に設置してあるアルミ手すりなどでは、接続部のパッキンが劣化して、アルミ部材の内部に雨水が侵入することがあるのです。内部に水分が入っても、アルミ材自体はさびないので何ら問題はありませんが、最終的に雨水が流れて辿り着くのが、手すり支柱の付根部分になります。

この部分に水分が流れると、アルミ支柱は内部の鉄製アンカーや鉄筋などに溶接してあるので、その部分がさびます。すると埋めてあるモルタルやコンクリートが爆裂を起こしてしまいます。そうなると、当然ですが、手すり強度が低下したり、侵入した水分はさらに下方へと流れ入って、また別の部分への悪影響を与えることになります。

建物階数が高くなると暴風雨対策も必要になる

建物高さが高くなることで強風への対策が必要になることは想像できると思います。現在建築されている近代的な鉄骨や鉄筋コンクリート建物でさえも、強風への対策には建築基準法という基準を設けて建物建築をすることで対策としていますが、まだそのような科学的な技術や計算などもなかった古来の日本建築では、どのような対策がされていたのでしょうか。

日本建築の歴史を振り返ると、古くは神社などの神明造や大社造から始まり、それらの神社建築様式で建築された古代建築といわれている代表的な建物として、法隆寺や東大寺や平等院鳳凰堂などがあります。

その後、戦国時代になって、軍事的な戦闘拠点として攻撃と防御性能を備えた、権力の象徴ともいえる、大きくそびえ立つお城が各地に建築されています。

お城は、木造建築としてはとても大きく、高いものでは30ｍもあり、現在の建物でいうと10階建のビルなどと同じ高さになります。戦いの戦闘拠点としての意味合いもある建物なので、敵陣からの鉄砲や大砲などの砲撃から守るために頑丈に造られていることはいうまでもありません。さらには、攻め込まれた際に侵入されないための「忍返し」という防衛装置が、各所に工夫されていることも有名な話です。

お城の暴風雨対策とは

そして忘れてはいけないのが、自然環境である気象対策になります。現在の気象状況下で発生している暴風雨は、過去の時代にもあったはずで、高層木造建築物であるお城にも、それらに対する対策はしっかりとされていました。

その当時は、現在のような防水材料がなかったので、主には「漆喰」という消石灰と海藻などを混ぜ合わせた材料を土壁の上に塗って建物の防水性能を保っていました。

基本的な造りは、現在の木造建物と同様に、木材を主要構造である柱や梁として建築され、雨水からの防御は今以上に重要だったと思います。

ましてや建物の高さが高いお城は、一般的な建物とは比べ物にならないほど暴風雨対策も必要だったことでしょう。お城の屋根瓦をよく見ると、材質や大きさに関しては現在の木造建物で使われているものとあまり変わりはありませんが、いくつかの特徴があります。

瓦は、平瓦と丸瓦で葺かれていて、平瓦の合せ部の上に丸瓦という半円筒状になった瓦を覆いかぶせて風雨の侵入を防いでいます。

お城の屋根瓦の重ね葺き

もう1つの特徴としては、一般的な瓦の上下の重ね合せ部は70㎜程度で瓦の4分の1程度と短いのに対して、お城の屋根瓦は瓦の3分の2が重ねられていて、断面を考えるとすべての屋根面に対して瓦が3枚重ねられている状態となっています。

当然、重ねが多いということは、それだけ多くの瓦を使うので建物自重も重くなり、その分頑丈に建物を造る必要があるのですが、それ以上に多くのメリットがあったからこそ、そのような造りとしているのでしょう。

例えば、重さを増すことによって強風からの影響を防いでいることや、すべての屋根瓦を3層構造とすることで屋根からの雨水侵入を防いでいます。仮に暴風雨により雨が1層に吹き込んでも2層目が守り、さらに3層目が守ってくれます。

【図表12　お城の屋根瓦の重ね葺き】

現存するお城の内部の屋根裏を実際に見てみると、雨染みはあるものの、木が腐るほどの状況とはなっていないことがわかります。このように、暴風雨への対策は今に始まったことではなく、日本古来の建築においても、防御対策がしっかりとされていたのです。

そう考えると、現在接している建物でも、暴風雨への対策は、まだまだ多くの備えをすることが可能だと思います。暴風雨による吹込みの可能性のある隙間を狭くしたり、深くしたりと、単純なことのようですが対策はあるでしょう。

風の吹込みに雨が合わせて入ってくることになるので、まずは風が吹き込みそうな部分があれば、暴風雨対策をする箇所となります。

3　外壁には雨水が入りやすい部分がある

鉄筋コンクリート建物のメリット

鉄筋コンクリート建物の特徴の1つとしてあげられることに、建物形状の自由性があります。建物建築をする上で重要となるのが建築コストであり、この価格に関係することに工事の施工性があります。簡単にいうと造りやすさということです。

建物のデザイン性を追求するために複雑な形状にすることとは、施工性とは反する部分がありますが、他の建物より建築コストが高い鉄筋コンクリート建物を選んだにもかかわらず、四角い箱のような建物しか造れないとしたら、少し残念に感じるのではないでしょうか。

鉄骨建物で同様にデザイン性を追求し、建物形状に変化をつけるには、材料の接続継部が増えるので造りも複雑になり、それらの箇所の防水処理や納めも複雑になります。

それに比べると鉄筋コンクリート造は、型枠や鉄筋の組立てには多少手間がかかりますが、鉄骨造で同じことをするよりも、コストや建物としての性能においてもそう大きな違いはありません。

鉄骨建物に比べて建築コストは高いものの、そのようなメリットがあります。

外壁にある段差に注意

このように鉄筋コンクリート建物は、設計時において建物形状の自由性が高いので、外壁面には凹凸をつける形状とすることなども可能となります。

実際の鉄筋コンクリート造の建築においては、デザイン性というよりは、室内空間の快適性を高める目的として、外壁面から躯体を突き出した出窓などの形状を造ったり、柱型や梁型を室内側ではなく外部側にすることで室内空間を広くしたりすることもあります。

このようなことが容易にできるメリットは、構造的な特徴といえるでしょう。

外壁面の形状に変化をつけることで、外壁仕上げには多少コストがかかりますが、その分住まいとしての快適性がアップするので、費用対効果はあると思います。

ただし、施工上注意をしなければいけない点があることも、知っておく必要があります。それは、外壁面に凹凸段差が増えることで、フラットな壁面と比べると暴風雨水を受けやすいということです。平らな壁面であれば、壁面に雨が降りつけても下に流れてとどまることはありませんが、凹凸部には、一時的ですが雨水がたまることになります。

もう少し詳しく説明すると、凹凸といっても、外壁面に水平面のある段差がある部分に、一時的に雨水がとどまるということです。当然ですが、これらの雨がかかる水平面は、躯体にその水分が入らないように、防水処理を行います。

建物における防水処理をする定義とは

建築物の施工において防水施工をする箇所には、一定のルールがあって、「下階に居室（※居室とは生活をする部屋のこと）がある屋根」に防水処理をすることになっています。

では、下階に居室がない場合はどうなるのでしょうか。

簡単にいうと、下部が居室（室内）でない部分とは屋外ということになり、外部なので生活する上では何ら支障はありません。

そのような箇所はひさし扱いとし、一般的には簡易防水とすることがあります。

簡易防水とは、一般的に防水材といわれている、樹脂製で伸縮性がある材料ではなく、セメントモルタルにエマルション類の防水液を混ぜただけの材料で行うので、割れたりしなければ防水性はある程度確保されますが、経年によりひび割れなどが入れば、防水性能を失います。

つまり、長持ちしないということと、動きに対する追随性がないのです。

ただし、この簡易防水をする箇所の考え方も、新しい建物においては徐々に変化しており、下階が外部であるひさしであっても、雨水が建物躯体内に侵入することについては変わりないので、下階に居室がある場合と同様に、防水の必要性がある部位と考えるようになってきました。

すでに建物修繕を必要としている古い建物では、簡易防水とされている箇所も多く存在します。

そのような建物の修繕をする場合には、それらの箇所をしっかりと完全防水することが大切です。

具体的な箇所としては、バルコニーの床などが、新築時においてはひさしというとらえ方により簡易防水としています。

ところが、築後15～20年を経過し、修繕が必要な時期になると、バルコニー下の軒天井に雨染みがあって、状態が悪い場合には内部の鉄筋がさびて、躯体が爆裂している建物を見ることもあります。

このような状況を見ると、ひさしとして扱われていたバルコニーなどの部位にも、しっかりとした防水が必要であることがよくわかると思います。

実は、ひさし以外にも、もっと重要かつ建物全体の防水性能にとって危険な箇所があります。それは、室内空間を広くするために、梁という天井と壁の角のところにある四角い出っ張りを、内側ではなく外側にしている部分です。

近年の暴風雨が多い気象状況下においてはとてもリスクが高い

この壁面より外部側に出す外梁工法は、古い建物だけではなく、現在の新しい建物においても行われています。室内空間に梁の圧迫感をなくすことができるので、一般的によく扱われている工法です。

ところが、その外部に出っ張った梁の天端が水平面となり、一般的な防水の必要性でいう下部が室内ではないので外部として扱われ、簡易防水とされています。

その外梁上部に雨水がたまると、その部分の下は半分外部であり半分は躯体であるので、水分が内部に入り込めば、室内まで到達することもあります。

実際に、外梁上部からの雨漏り事例もありましたが、ほとんどの場合、何度か建物修繕をしているにもかかわらず、新築当時と同じ簡易防水のままの塗装仕上げとしてあり、しっかりとした防水処理をしていれば防ぐことができた事例でした。

【図表13　外梁工法の断面】

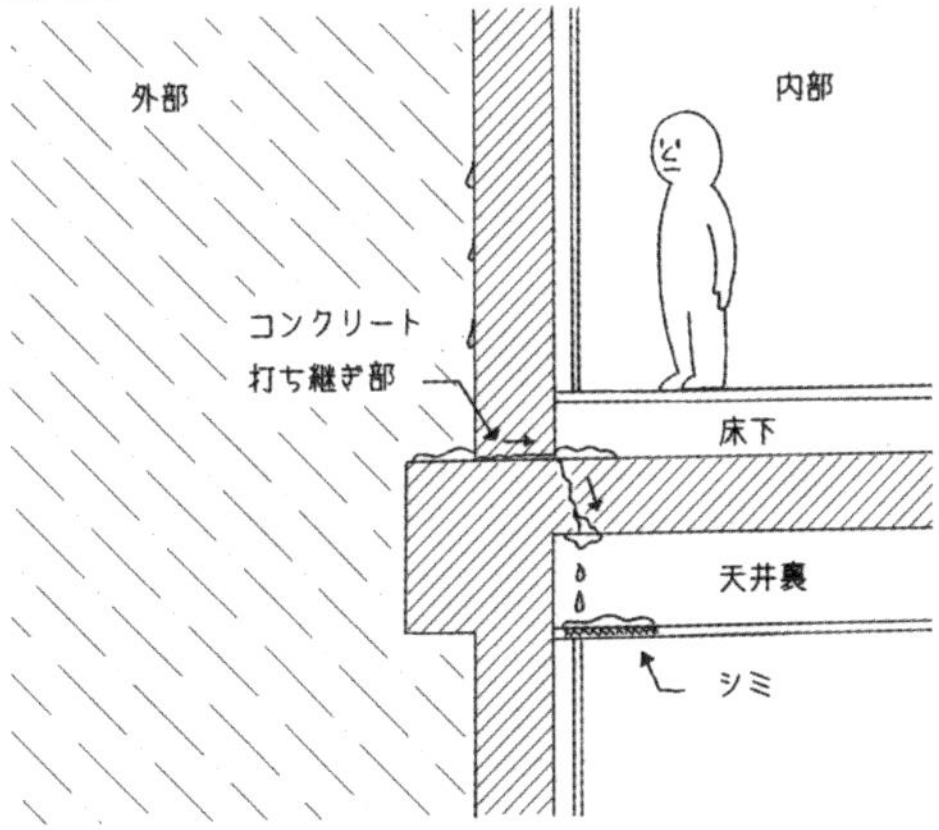

また、外梁上端は上下階の躯体打継ぎ部となっていて、

シーリング処理はされているものの、継目内部には隙間があります。

シーリングの防水性能についても永久的なものではないので、経年により性能が低下し、いずれは防水性が失われることを考えると、外梁上部の防水の必要性がとても高いことがわかります。

4 西洋建築と鉄筋コンクリート

鉄筋コンクリートは西洋建築

西洋建築は、幕末から明治初期に西洋文化とともに日本に入ってきて、その当時の建物は「擬洋風建築」と呼ばれ、それまでの木造建築技術によって建てられた洋風建築でした。

木造日本建築に西洋建築のデザイン性を取り入れた建物で、明治の文明開化の象徴のような建物として、各地域の公共建築に用いられました。つまり、西洋建築が日本に伝わり出した当時は、外観は洋風でも中身は木造で造られていたわけです。その後、日本においても建築基準法が制定され、大規模な建物構造を鉄骨や鉄筋コンクリート造とするようになってきました。鉄筋コンクリート建物自体、西洋からの建築文化であることに違いはありません。

ただし、歴史を振り返ると、諸外国から入った文化や技術も、その後、時間経過とともに日本独自の技術や文化へと発展しています。仏教や寺院建築も飛鳥時代に中国から伝承され、古代建築として法隆寺の五重塔や東大寺の法華堂や平等院の鳳凰堂などが建築されました。

その後、戦国時代には、武家造や書院造や数寄屋造など、日本独自の木造建築として進化しています。鉄筋コンクリート建物も、元々は西洋から入ってきた建築技術ですが、建物は自然環境の影響をどうしても受けるので、現在建築されているこのような建物は、日本独自の技術へと進化した建築物となっています。

その1つには、西洋建築が日本建築に取り入れられた当初よりも、耐震に関する基準が見直され、諸外国に比べ地震が多い日本に適した建物建築へと進化したということがあります。

日本建築の歴史を振り返ると、寺院建築から始まった木造建築物は、宮大工の建築知識と技術により、様々な自然環境から建物が耐えられる構造とされていたことになります。自然環境には、地震以外にも建物に大きな影響を与える風雨があります。

この風雨による対策に対しては、今までの章で詳しく説明をしたとおりですが、建物の歴史から見方を変えると、もしかすると西洋建築は、日本の気候には適していなかったのではないでしょうか。

日本の降水雨量

日本は、世界の国と比較すると、とても水資源が豊富な国です。テレビのニュースでは、干ばつなど、諸外国で水不足の困っている状況を見ることがあります。

日本では、ペットボトルでミネラルウォーターを簡単に買うこともできますが、水道の蛇口をひねれば、何時でも飲用水が出てきて飲むことができます。おそらく、飲み水がすべての国民に安定的に供給されている国は、世界的に見ても日本くらいではないでしょうか。

そう考えると、改めて日本はとても恵まれている素晴らしい国だなあと感じます。

ただ、水資源が豊富であるということは、勝手に地下から水が湧き出ているのではなく、単純に降雨量が他の国と比べると多いことでもあります。

日本は、年間降雨量平均が１７００㎜程度あり、世界平均は８８０㎜程度なので、その約2倍もあります。降水量が多いということは、それに比例して水害も多くなり、それらに対する備えとして、ダムや河川の堤防など、国が様々な対策を講じています。

自然環境の変化により建物の防水性能にも変化が必要

その風雨に関する自然環境が、ここ数年の間に、今までとは大きく変化をしている状況があります。

西洋で育まれた西洋建築の文化が日本に伝わり、日本に適した建築文化へと進化をしてきた鉄筋コンクリート構造建物ですが、世界と比べて2倍も多い降水雨量である日本においては、従来の西洋建築は風雨対策に対する備えが日本の半分しかなかったことになります。

当たり前ですが、半分の雨量下で育まれた建物建築を日本の建築物として取り入れるのであれば、日本の降雨水量に合った建物への対策が必要となるのは言うまでもありません。

そして、近年の気象状況は、国のホームページでも、短時間に暴風を伴う大雨について注意の呼びかけがされているとおりです。

つまり、日本より降水雨量の少ない西洋の建築をベースにして、日本に多く建築されている鉄筋コンクリート建物は、そもそも風雨の影響を日本ほど受けない地域で考えられ、造られた技術や構造であることを知る必要があるのです。

ただし、そのような新しい建築物が悪いといっているのではなく、よい面も多々あるわけですから、日本の気象状況に適した対策が必要で、まさにこの近年の気象状況下において、さらに進化を遂げるべきタイミングに来ているのではないでしょうか。

鉄筋コンクリート建物形状の特徴

鉄筋コンクリート建物の特徴の１つに、屋根が平面である「陸屋根」があります。

陸屋根は、まさに近代建築の合理性を追求した証ともいえるもので、あの世界的に有名な建築家のル・コルビジェが設定した、近代建築の５原則による自由な平面や屋上庭園など、建物を自由な空間としてとらえた近代建築の特徴の１つです。

それまでの傾斜した屋根は、瓦を乗せるなど施工にも手間がかかる上に、その部分を活用することができないものでした。平面の陸屋根とすることで、１つの生活空間として利用できるという画期的な発想で、現在建築されている鉄筋コンクリート建物のほとんどがこの陸屋根工法を採用しています。

陸屋根工法とすることで、屋上スペースを有効活用するために、昇り降りする階段や塔屋を設けたり、安全に利用するために手すりを設置するなど、新たな工作物をつけることも必要となっています。そして、屋上を自由に使えるスペースとして平面にすることで生まれた多くのメリットがある反面、デメリットもあるのです。

それは、陸屋根工法は日本より雨量の少ない西洋建築から伝承された工法なので、雨量の多い日本において本当に適合できるのかという部分です。

今までの気象状況下では何とか対処されていた建物でも、近年に変化している気象状況下においては不安が残ることも事実です。現に、それぞれ理由があるにしても、すでに陸屋根では短時間に降る大雨での影響が発生しています。

今までは起こらなかった事例が発生していて、降雨量と集水されて流れる雨量のバランスが逆転し、出入りする塔屋のドアから建物内に雨水があふれて入るなど、様々な弊害が現れています。けれども、これらの事象は、これまでも諸外国の建築技術を日本独自の建築技術へと進化してきたように、今後新たな技術の進歩に伴い、対処が可能となっていくでしょう。

5　コンクリート躯体内部の空間

コンクリート躯体は綿密な計画と施工により造られている

鉄筋コンクリート建物の構造体は、鉄骨造のように様々な部材を現場で組み立てるのではなく、一体構造となっていると説明をさせていただきました。

　この一体構造という考え自体は正しいことですが、躯体の隅々まですべて隙間なく一体かというと、これは、実際に新築の鉄筋コンクリート躯体工事を経験した方しかわからないことでもありますが、少し異なる点があります。

　組み立てた型枠の中に隅々まで隙間なく生コンクリートを流し込んで空間がないことが本来の躯体製造ですが、現場で生コンクリートを流し込む状況としては、型枠内部には鉄筋が縦横に配筋されていて、コンクリートの流れの妨げとなる部分があるのです。そのため、鉄筋が多く配置されていたり重なり合う部分においては、隣り合う鉄筋との隙間を一定の間隔で空けるという決りがあります。

　その理由としては、コンクリート内の砂利の大きさが25㎜程度あるので、それより間隔が狭いと、いくら流動性のある生コンクリートでも、鉄筋部で砂利が詰まることで流れが悪くなり、結果として躯体内部に空間を残したままコンクリートが固まってしまうからです。

　そうならないために、鉄筋の間隔を確保したり、コンクリートの配合計画書で砂利の大きさを定めたりする決りがあるのです。

　また、生コンクリートを流し込む作業においても、コンクリートの砂利が分離することでコンクリート内部に空間ができることを防ぐ分離対策や、高周波振動を与え、微振動によって流動性を良くして、隙間なく躯体製造をする技術などもあります。

躯体内部には空隙がある

このような様々な対応をする中でも、どうしてもコンクリート躯体に入ってしまう隙間を「ジャンカ」と呼んでいて、型枠解体後にその隙間をモルタルで埋めて、化粧色合せ仕上げをして、きれいな躯体が造られるように手直しをします。

この作業は、型枠解体をしてすぐ行います。多くの人の目に触れる前に行う作業となり、処理後は、あたかも密実な鉄筋コンクリートであったかのように仕上がるのです。

この躯体製造の過程で行われる補修工事については、適正な処理を行えば決して悪いことではありません。すぐに対処せずに放置して、内部鉄筋に水分が入ってさびては元も子もないので、早めに処理をすることは適正な対応といえます。

本来、躯体にこのような空隙が発生しないことが望ましいのですが、万が一発生してしまった場合には、できれば表面的な空隙処理だけではなく、内部にある空隙についてもしっかりとモルタル注入により埋めるべきなのです。仮に表面の空隙であるジャンカをモルタルで埋めても、内部に空間が残っていれば、設計上の断面積が不足することになり、他の正常な躯体に負担がかかって、クラックなどの異常が発生するリスクがあるからです。

空隙とクラック

建物修繕をする時点では、築後の時間経過の中で様々な経年劣化が現れています。その1つとしてあげられる事象に、クラックがあります。

クラックが入る原因にはいろいろありますが、簡単にいうと、建物にひずみが生じたところに入ると考えていただければよいです。

その「ひずみ」が生じやすい位置には、地震の揺れにより負担がかかる部分などがあります。本来であれば鋼接合されている梁や柱のつなぎ目などもそうです。揺れにより動きやすい箇所を、構造体の仕組みで動かないように鋼接合しているという部分です。また、そのような柱や梁のつながり部分は、引っ張り力が強く加わる箇所であるため、鉄筋配筋量も多く配置されているという特徴もあります。

鉄筋の配筋量が多いということは、躯体製造時に生コンクリートを流し込む際に、砂利と鉄筋によりコンクリートの流動性が低下しやすい箇所ともいえます。

つまり、空隙となりやすい箇所になりますが、これらの箇所は生コンクリートの流込み作業をする面から距離が近いので、十分な振動を加えられ、空隙はできにくくなります。

逆に、空隙ができやすい箇所としては、スラブ面から距離のある、柱や壁の脚部に注意が必要となります。

躯体補修工事での注意点

建物修繕をする場合には、表面的な仕上処理だけでは根本的に建物修繕の目的を達成できない場合があります。

それは、躯体に発生しているクラックの処理をして塗装仕上工事を行う場合において、そのクラック処理の方法が、後々躯体の動きに対して再発しない状態としているか、動きに対して追随性があるかなどの状況が正しく判断されているかによります。一般的な躯体補修処理では、発生しているクラックの大きさによって処理方法を変えています。
・0・3㎜以下ならヘアークラック
・0・3㎜超えなら構造クラック
一般的に、構造クラックは繰返しの動きがあり、ヘアークラックは繰返しの動きがないという判断により処理方法が変わりますが、実際には0・3㎜以下のクラックでも構造クラックである場合があり、繰返しの動きがあるクラックもあるので、そこには追随性のある躯体補修をする必要があります。

仮に繰り返し動く可能性がある軽微なクラックを、一般的なヘアークラックとみなして追随性のない躯体補修とすれば、動きが発生した後にクラックが再発してしまうからです。動きが発生する部分に入るクラック内部には必ず鉄筋があるので、外壁面から30～40㎜程度内側にある鉄筋まで簡単に雨水が浸み込むことになってしまいます。

また、構造クラックの特徴は、壁外側から内側まで貫通しているので、侵入した雨水が躯体内壁から室内まで出て、雨漏りとなる可能性があるのです。外壁のクラックからの雨漏りは、強風を伴う大雨時においてはとても雨漏りリスクの高い箇所となるので、近年の暴風雨の発生が多い気象状況下においての躯体処理はとても大切になります。

6　リスク対策を見落とさないために

建物の「ひずみ」によりクラックが入る

自然環境による暴風雨対策は、一言でいうと「建物が存在する上での様々な危険性に対するリスク対策をどのようにするのか」ということです。

建物建築においては、後々に建物に対する悪影響が出ないための様々な対策がされています。

例えば、鉄筋コンクリート建物における躯体工事の鉄筋配筋でいうと、窓開口を設けることで壁断面積が少なくなるので、建物自重や地震の揺れの影響で生じる「ひずみ」によるクラックを入りにくくする目的で、窓開口部の四隅には開口補強鉄筋を入れる構造としています。

また、設備配管類を室内天井内側から外部に通すためには、建物構造としては壁よりも重要な梁に穴を貫通させる必要があるので、窓開口部と同様に、断面欠損したことによる影響を受けにくくするために貫通穴の補強を行います。

これらのすべての構造補強は、建物に対してのリスク対策の１つで、「ひずみ」によるクラック対策とされています。

しかし、クラックに関しては、雨水が侵入することへのリスク対策というより、本来はクラック自体が建物構造にとって強度的な影響へのリスクと考えるべきです。

クラックから入る雨水の侵入により、内部鉄筋がさびてコンクリートが爆裂し、さらに建物強度へ影響を与えることとなります。

建物は屋外にある

当たり前ですが、建物は屋外にあり、常に自然環境の影響を受けています。

同じような室内空間を持ち、移動の手段として利用する自動車も、屋内の車庫に駐車している場合には屋外とはいえませんが、屋外での利用ということでは同様かと思います。

どちらかというと、建物より大雨の中を高速で走ることを前提として様々な装備がされているので、同じ条件での暴風雨対策として考えると、車のほうが防水性は高いと感じます。

水中に冠水してしまえば車内に水が侵入するでしょうが、それ以外の暴風雨では、ドアと窓をしっかりと閉めておけば、室内に雨水が吹き込むことはありません。

建物は、高速で移動することはありませんが、近年の暴風雨という気象状況下においては、それに近い意識を持って、建物の防水性能を考えることが必要となったのではないでしょうか。

屋外で利用されている家と車で防水性能には違いがあっても、利用するほうから求められる快適性や性能についてはどちらも同じです。

中古住宅購入の際に受ける重要事項説明

中古住宅を購入する際には、その建物の屋根や外壁の修繕状況や、メンテナンス経過を確認されるでしょう。過去に雨漏りが発生した事例や修繕履歴に関しても、重要事項で説明する項目として、不動産契約においては義務化されています。

それだけ、建物における防水性能に関しての重要性が高いことがわかります。

それに比べ、中古自動車を購入する際には、今までに雨漏りしたことのあるなしの説明や契約時においての説明義務など聞いたことはありません。

家と車では、寿命自体が違うので、単純に比較することはできませんが、建物の場合は築年数が浅い建物でも、一定の状況下において雨漏りするなど、防水性が確保されずに困っている建物所有者もいます。

今後は、建物建築における防水性能をより強固にする考え方を持って、建物造りをすることが重要ではないでしょうか。

過去の建築物における防水性能

私は、かれこれ40年という長い期間、建物建築の仕事に関わり、新築工事と修繕工事の両方を手がけてきました。

今振り返ると40年前といっても、数百年昔の古代日本建築物ほど防水材に関しては不足していませんでしたが、今ほど建築技術は進化していない時代でした。

建築の仕事を始めた当時、現在の私と同様に建築経験の長い建築士の先輩から、建物造りにおいて、雨水が建物に入らないために行う手段を徹底的に教えられたことを思い出します。

当時も、建物造りに防水材やシーリング材を普通に使っていましたので、大きな違いはありませんが、1つ違うのは耐久性で、意外にも短い期間しか防水性が保たれないことは当たり前の時代でした。

そのため、建物建築においては、それらの表層に行う1次防水材の性能が低下しても、建物に雨水が侵入しない造りとすることが重要でした。

具体的には、鉄筋コンクリートの打継部や開口部に当たる水平面は、すべて外側に少し勾配をつけるという単純な細工をするだけです。

すべての継目の水平面を外側に傾斜させることで、防水材料の性能だけに頼ったものではなく、形状でも防ぐという装備が付け加えられていることになります。この外側傾斜の建物構造を躯体工事において徹底し、現場での建物造りにおける基本的な対策として教えられ、行っていました。

つまり、仕上げの防水施工をする前の段階で、雨水が建物に浸み込まない状態とすることとし、仕上面に行う防水処理が2次的な予防対策としての処理ということになるのです。

少し極端な考え方かもしれませんが、いずれは性能が低下して失われてしまうものに、建物の防水性を託してしまうことにも問題があるでしょう。

建物に使われる建材類の性能がよくなってきたことで、防水性への期待と過信が、本来の建物としての防水性能を退化させてしまったようにも思えます。

すでに建築されている建物構造自体を変えることはできませんが、仕上面の防水性能だけに頼らない２次的な防水性能を建物に付け加える程度は可能です。

ぜひ、今お住まいの家の建物修繕をする際に、少し気にかけてはいかがでしょう。

7　仕上面に覆われている見えない内部

躯体貫通穴の処理方法の違い

もし、鉄筋コンクリート建物に開口部がなければ、建物の防水性を確保する上ではとても有効ですが、それでは住まいとしての機能を果たすことはできません。

建物には人が出入りする開口部をはじめ、室内で使う給排水設備配管類を通す穴や、換気扇の排気ダクト配管などの穴もあります。

また、陸屋根にたまった雨水を排水するためのドレンや雨どいパイプなども、コンクリート躯体に穴を開けて貫通している配管の１つとなります。

これらの躯体に開けられている穴や開口部の仕上設置方法は２通りあり、その処理方法によっては、躯体内部の２次防水性能に違いがあるのです。

方法の違いとは

躯体貫通穴の処理方法の2つの違いとは、次のとおりです。

・後付工法：あらかじめ後に取り付ける枠より大きめに躯体を開口し、型枠解体後に正確な位置を確認してから取付を行い、その後に周囲にセメントモルタル埋めを行う。

・打込工法：型枠工事と同時に型枠および鉄筋に固定し、コンクリート打込みと同時に埋込設置をする方法で、設置における位置の正確性が求められるが、躯体完成と同時に設置が完了している。

この2つの工法は、どちらも用途により使い分けられているので、必ずしも打込みでなければいけないということではありません。

また、この2通りの工法には長所と短所がありますが、後付工法の長所には、後の取付寸法にミリ単位の精度が可能となることや、周囲のモルタルが容易にできることがあります。

具体例としては、ドア枠やサッシ枠などが後付けとされています。

短所としては、長い物や形状が複雑なものを取り付ける場合、モルタル埋めが躯体内部まで届きにくく、内部が部分的に空間になってしまうことがある点です。

その空間は、後に埋めたモルタルの収縮や伸縮による隙間から雨水が侵入する原因となります。実際に発生している雨漏り事例の中には、後付工法のモルタル埋めが完全にされていないことが、原因の1つとなっているものもあります。

建物修繕においては、建物表面から躯体内に埋設されている部分の躯体との隙間や、埋めモルタルが完全にされていない部分には、それらの箇所への防水処理も必要となります。ただし、このような躯体内部の空隙の発見は、表面からの目視だけではなく、打診や水分の染込み状態からの判断も重要です。

レントゲンで建物を見るようにとまでは言いませんが、表面からの情報から内部の状態を予測し判断することが必要で、雨漏り原因の1つである隠された躯体状況の本質を見ようとする努力が大切になるのです。

雨水は、躯体に浸透しただけでは部分的影響はあっても大事にはなりませんが、外観からは見えない内部に空隙があることで、その部分に雨水が流れ伝わって広範囲に広がり、内部まで浸透する結果となるからです。

内装仕上がなければ

コンクリート躯体のもう1つの特徴として、外部に塗装やタイルなどの仕上がされていても、ある程度の目視や打診で躯体状況の確認ができるという点があります。逆に、室内側の躯体の状態については、内装仕上材で覆われていて、直接見ることも触ることもできません。

これは、外部が雨水の侵入箇所だとしたら、内部は雨水の出口の箇所となって「雨漏り」という認識になります。しかし、多くの場合、室内側の躯体の部分を直接見ることができないので、正確な状況を把握することも困難なのです。

仮に躯体の内側が見れたら、雨水の侵入状況が見れるので、時間経過や水量、躯体が受けているダメージや、直接的な位置までの情報などを得ることができます。日本古来の高層建築物としてのお城でも、いくつかの現存する城の内部を見ると、外壁については、防御の目的もあり、かなり厚い土壁に覆われていますが、天井を見上げると仕上の天井板は貼られていません。

屋根には暴風雨への完全な防御対策がされているとはいえ、屋根裏には多くの雨染みを見ることができますが、木材が腐るほどではなく一時的なもので、乾燥することで影響がない状態としていることがわかります。

低層建物に比べ、高層建物においての暴風雨対策は、日本古来の建物においてもそれなりに様々な工夫がされていたことを考えると、現在の建物においても、躯体貫通穴の下部や雨漏りしやすいドレンパイプの貫通接続下部などには天井点検口を付けるなど、内部がいつでも見れる状態とする工夫をするとよいでしょう。

もう1つのリスク対策

このように建物に雨水が侵入しそうな箇所は、あらかじめ予測することができます。

同様に予測できる箇所としてあげられる症状に、外壁に入るクラックがあります。外壁のクラックは、躯体強度への影響だけでなく、雨漏りの原因となることは何度もご説明したとおりです。

このクラックに関しては、あらかじめクラックが入る可能性のある位置に、事前に建物の動きに追随する目地を設置し、雨水が入らないようシーリングによる防水処理を行います。

この目地のことを「誘発目地」といい、新築時において構造的なクラックが発生する可能性の高い位置に設けます。

打継部や、動きが発生しやすいジョイント部などには必ず設置することで、動きによる躯体への影響を防いでいます。

また、この誘発目地は、建物修繕時の際にも、新築時に予想することができなかったクラック部に後から設置することで、建物の防水対策としてはとても有効になるので、必要と思われる箇所があれば設置することをおすすめします。

8　陸屋根の特徴

陸屋根は傘を逆さにした屋根

鉄筋コンクリート建物の屋根は、木造建物の傾斜している屋根とは違い、「陸屋根」と呼ばれる平らな屋根形状としている建物がほとんどです。

近年では、木造建物でも陸屋根にして、屋上スペースを近隣と区切られたプライベート空間として利用するケースも増えています。

陸屋根と傾斜屋根との大きな違いは、傾斜屋根は屋根で受けた雨水をすべて軒どいに受け流す方

【図表14　陸屋根は傘を逆さまにした状態】

法になっているのに比べ、陸屋根は面積に応じて設置されているルーフドレンという集水部へ雨水が集まり、雨どいへと流す構造としています。

そして、外周部には立上りがあって、そのルーフドレン以外の部分からは雨水が外に流れ出ることがない造りになっています。

陸屋根の形状をよく知っている方からすると当たり前の説明すぎて、それがどうしたの？　と思われるかもしれません。ところが、よく考えてみると、屋根である建物最上部に一時的に雨水をためて、数か所の穴から外に排水する仕組みになっているのです。

言い方を変えると、雨が降っているときに雨傘を逆さまにして、その傘の1部に穴を開けて、自分が濡れないように雨水を排水しているようなことと同じです。

雨がたまるスペースと考える

陸屋根構造は、屋上スペースを自由に利用できる画期的な工法ですが、そのような傘を逆さにした状態で、施工されている防水の性能が低下したり、外部に排水するルーフドレンの機能が低下したり、その部分の防水性がなくなれば、逆さの傘にたまった雨水は外に排水される前に傘の下に流れ落ちることになります。

事実、陸屋根構造の屋根からの雨漏り原因は、防水層とルーフドレンの防水性能の低下が原因であることがとても多いです。防水材料にも性能が低下する期限があるからです。

木造などの傾斜屋根の場合は、屋根材の劣化により部分的な箇所から雨漏りなどの事象が現れてから修理をするので、時間経過から見るとそう大きな被害にはなりません。

ところが、陸屋根に関しては少し状況が異なります。

仮にルーフドレン部分の防水性が失われたとすると、部分的な箇所とはいえ、すべての屋根面に降った雨がその部分を通過してから外に排水される構造となっているので負担がかかり、雨水の影響を多く受けることになるのです。

実在する建物の陸屋根を見ると

陸屋根を生活スペースとして利用している建物は意外と少なく、不具合が発生した際に点検をする程度しか屋上に上がらないという方も多くいます。

また、物干場やガーデニングスペースとして利用されている方もいますが、屋根としての重要性を理解して使っている方は少ないように感じます。

実際に陸屋根の点検をすると、ほとんどがルーフドレン部に泥がたまっている状態となっていますが、その状況があまりよくないという認識がないように思えます。ルーフドレンも防水層の一部であると考える必要があり、経年劣化により防水性能が失われる箇所としても、ルーフドレンは圧倒的にその可能性の高い部分となります。

その理由は、特に3～5階程度の中層建物は、地上の土ぼこりが風で屋上まで舞い上がり、雨で流されてドレン部に集められ、たまることに原因があるからです。

土ぼこりが堆積すると、ドレンの穴を塞いでしまってさらに流れが悪くなったり、一時的に雨水がたまったりします。結果的には、ドレン部分がいつも濡れている状況となり、防水層の劣化を早めてしまう原因にもつながるのです。

ドレン部分の構造は、防水層とドレンと雨どいパイプの3つの素材が接続されていて、一番肝心な中央に位置し、両サイド部材との接続役をしているドレンは、鉄製鋳物で造られています。

鉄製品の特徴は、水分でさびることなので、その部分が常に雨水により濡れている状態ならば、さびる危険性が高まることになり、さびることで接続面の接着力や付着力が低下し、結果的に防水性能が失われることになります。

ルーフドレンの部分修理はできない

建物条件的にドレン部分が劣化しやすく、雨漏りの原因として一番危険性が高い箇所であることはご理解いただけたことと思います。そうなると、陸屋根の修繕をする場合、平面と立上りの防水面に異常がないのならドレン部だけを修繕すればよいのでは？　と考える方も多いと思います。

ですが、結論からいうと、ドレン部だけの修繕工事をしても効果は発揮できないのです。その理由はいくつかあるのですが、特に新築時の防水工事において、防水層を保護する目的の押え保護コンクリートが打たれている場合には、表層の部分に行う防水修繕をドレン部にのみ行っても、水平面からは押えコンクリート下部の防水面から雨水がドレンに流れ込むので、ドレン部分のみの修繕防水層の下を通り抜けてしまうからです。

さらに、さびた鉄製鋳物のドレン部に防水材を直接塗っても、完全接着することができず、本来の防水機能を発揮することが難しいので、一般的には改修用ドレンを既存ドレンの上にカバーする形で設置します。

改修用ドレンは、鉛製プレートと強化ホースから成るもので、劣化して性能が低下した部分をバイパスし、縦どいに雨水を流す仕組みとします。

せっかく改修ドレンを設置した防水修繕をしても、平面部に降った雨がその下を通過したら何の意味もないので、ドレンのみの部分修理ができないのです。

また、露出防水の場合にも、少し条件は異なりますが、ドレン部のみの修繕をするとその部分だけ５㎜程度厚みが増すので、周囲が正常な勾配を失い水たまりが発生し、泥だまりを増やしてしまう可能性もあります。

防水は、防水材を塗るだけで防水層となるので、一見簡単そうに思えることから、ホームセンターなどで材料を買って自分で部分修理をされる方もいますが、どうやら長持ちはしていないようです。

また、外壁塗装を専門に行っている業者でも、防水に関してはバルコニー程度なら施工できても、陸屋根までとなるとあまり得意としていない場合もありますので、依頼先選びは慎重にすべきです。

9　暴風雨が陸屋根に与える影響

暴風雨とは

激しい風を伴った雨のことを一般的に「暴風雨」と呼んでいて、テレビの天気予報でも最近よく聞く言葉となっています。台風などで風と雨がともに強い場合に表現されていますが、似たような表現で「ゲリラ豪雨」という言葉も聞いたことがあると思います。

ゲリラ豪雨というとさらに強い暴風雨をイメージすると思いますが、これは正式な気象用語ではなく、天気予報で予測困難な、突発的で局地的な大雨のことを表現している造語になります。ゲリラとは、奇襲攻撃をする軍事的な言葉なので、まさに予想外に奇襲的に局地に降る豪雨や暴風雨を表す言葉として使われています。

実際にこのような大量の雨が降った場合に、建物に対してどのような影響があるのでしょうか。

テレビのニュースでよく見る映像では、下水のマンホールのふたから水しぶきが噴水のように吹き出したり、道路が冠水したりと、身近でも様々なところに影響があります。

鉄筋コンクリート建物においては、建物重量が重いので、強風の影響も受けにくく、屋根形状もフラットで形状的にも風の影響を受けにくいので、建物としては暴風雨に対しては強い構造です。

暴風雨による陸屋根の欠点

ところが、そんな暴風雨の影響を受けにくい鉄筋コンクリート建物でも弱点があります。それが、陸屋根です。陸屋根自体は、防水層を含め、暴風雨の影響ではがれたり変形したりの影響を受けることはありません。短時間に大量の雨が降ることで影響を受けるのは、「ドレンの排水能力」です。ルーフドレンは、平均的な時間当たりに降る雨量から逆算し、大体１００㎡に１か所程度のドレンが設計上設置されるよう計画されています。

排水配管は、中規模建物で呼び径75φ～100φ程度の大きさのもの使っている傾向が多く、時間当たりに降る最大降水雨量から、適正な太さの雨どいパイプが利用されています。

ただし、排水能力にも限界があり、その能力を超える時間当たりの降雨量が降ると、排水しきれない雨が屋上にたまって水かさが上がる現象が発生します。

このような排水能力を超えて水かさが上がる原因の多くが、ドレン部分の泥詰りにあります。屋上の土ぼこりが雨で流されて、徐々に集水ドレン部で堆積し、集水口の穴面積を小さくしたり詰まらせてしまうことがあり、本来の排水能力を妨げてしまうのです。

【図表15　ルーフドレンが詰ってオーバーフローすると】

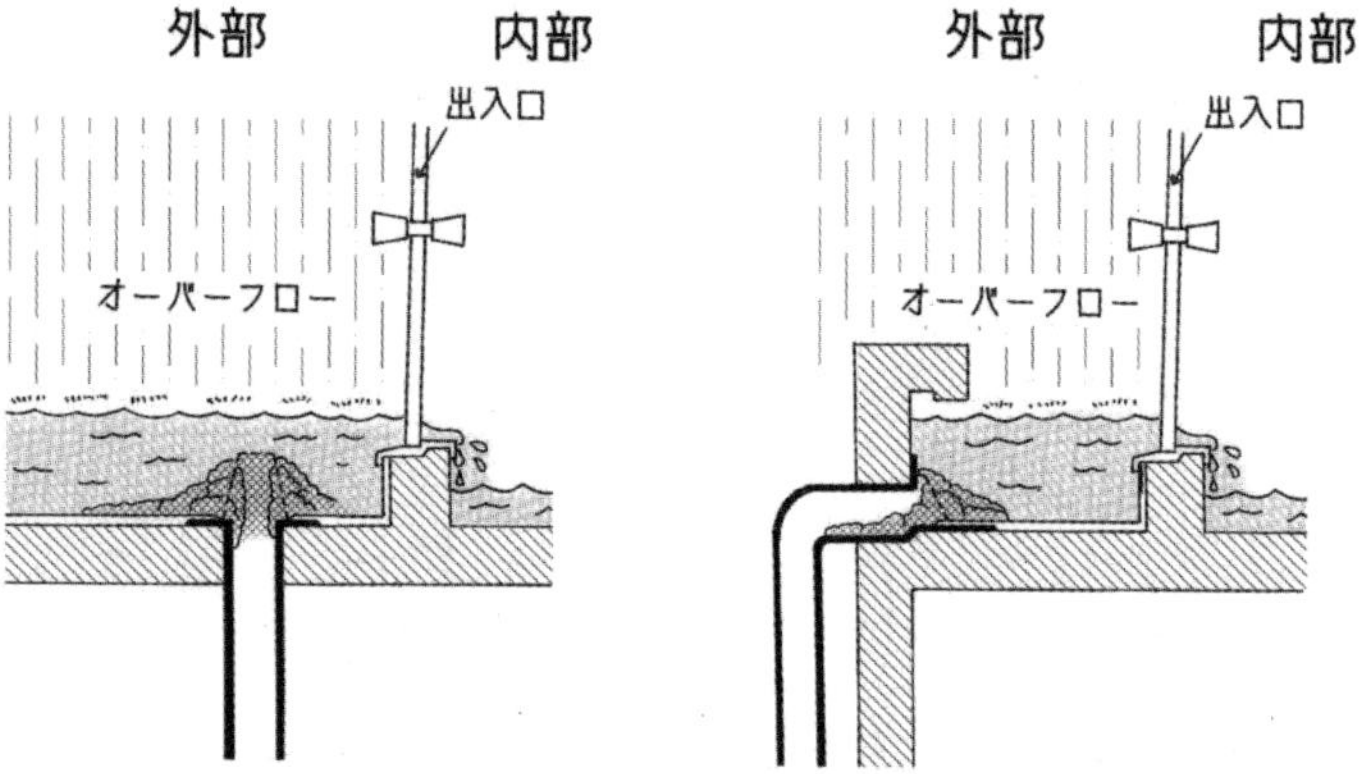

他にも、枯葉などのゴミがといに流れて詰まることを防ぐ目的で付けられている格子状のストレーナーという部分が塞がれてしまって、流れを止めている場合もあります。

これらの事象を避けるためにも、定期的にドレン部分の泥だまりや枯葉を除去して清掃することで、適正な排水性能を維持することができます。

屋上の水かさが増えると大変なことになる

排水ドレン部分が詰まって排水能力以上の短時間の大雨が降ると、当然ですが屋上面に水がたまり、水かさが上がります。建物によっては、このような事態に備え、雨水を強制的に排水するオーバーフロー管という穴を、立上面に設置している建物もあります。しかし、ほとんどの建物では、このオーバーフロー管の設置がないので、今後は雨水がオーバーフローした場合の何らかの対策は必要となるでしょう。

実際に水かさが上がると、次に高さの低い部分に雨水が流れ入る可能性が考えられます。屋上への出入口となる塔屋のドア下の部分から、短時間に大量の雨が降った際に建物内に雨水が流れ入ったという事例もあります。

他にも、パラペット立上端末まで水位が上がれば、パラペット周辺のアルミ笠木の裏側や手すり支柱の周辺までにも水位が上がっていき、建物内へ雨水が侵入する可能性もあります。

土ぼこりが詰まっても排水するドレンとストレーナー

陸屋根の排水口であるドレンには、泥や枯葉やゴミが流れ込んで詰まらないように、ストレーナーという格子状のフィルターが設置されています。本来、ストレーナーは、定期的に清掃が必要ですが、ほとんどの建物で放置され、泥や枯葉が固着し、排水口を塞いで水の流れを悪くしています。

このような問題点を解決するには、詰まりにくいストレーナー上部に泥や枯葉などが詰まらない開口とし、オーバーフロー穴を設けることで、大量の雨が降った場合においても、ストレーナー上部からドレンに排水することが可能となります。

本来であれば、ドレンとストレーナー部が泥や枯葉で覆われることなく、雨水が流れる状態に管理されていることが望ましいのですが、実際には気づいたら泥が詰まって塞がれて、雨水が流れにくい状態であることが多いという現状があります。

そのような状態のときに、ストレーナー上部からドレン内部に通気機能を持たせる通気パイプが設置されることで、溜まった雨水の水圧により堆積土と雨水を流す効果が期待できます。

また、ストレーナーに設置されるオーバーフロー管は、とい内部空間と外部空間を連通するので、泥で塞がれたドレン部の通気機能の効果もあり、水位上昇する以前の雨どい内への雨水の流れをスムーズにサポートする効果もあります。今までの気象状況であればそこまでの心配はしなくてもよかったかもしれませんが、実際の現場で排水口のドレンが詰まって、塔屋出入口から室内に雨水が流入する事例を見ると、万が一の備えでも今後は必要だと思います。

通気機能を持ったストレーナーが今後開発されれば、昨今の気象状況から、建物にとっては大きなリスク回避をするための部材の1つとなるでしょう。

新たに事実がわかることで今までの常識が非常識になり、不要だと思われていたものが必要となったりすることは、建物に関してだけではなくあらゆる分野でも同様です。

自動車に取り付けるエアバックや自動ブレーキなどは今や常識ですが、実際にその機能を利用した人が何人いたかというと、ほとんどの方が利用することはなくても、万が一に対して命を守るためのリスク回避の1つであることは、誰もが理解していることと思います。

10　雨どいが逆流する危険性

内水ハザードマップ

ハザードパップと聞くと、大雨による洪水や浸水や土砂災害などに対する危険区域について、地方自治体が作成したものをイメージされると思います。

中でも浸水の被害の増大に対する新たな取組みとして、下水道内の浸水を表す〝内水ハザードマップ〟というものがあります。

内水ハザードマップは、地域整備局下水道部と国土交通省が平成18年に作成手引を出していて、地域住民の浸水被害の軽減を目的として、作成と公表を推進しています。

気象状況の変化に伴い、今まで以上の大雨が降ることがあるので、地上に水があふれる洪水ハザードマップだけではなく、下水配管内の冠水状況である「内水ハザードマップ」として、事前に危険性を周知しましょうということです。

ところが、とても重要であるにもかかわらず、すべての市町村で作成されているわけではなく、危険性が高い一部の都市部の地域でしか作成されていません。

下水配管内の冠水は危険なのか？

内水ハザードマップにより下水配管の冠水による危険区域を示すことは、なぜ重要なのでしょうか。実際に、市街地においては集中豪雨に伴い、下水道への雨水排水能力を上回る雨水流入が頻繁に発生していて、都市部における地下空間への影響も発生しています。

地域によっては、それらの影響を防ぐ目的で、下水道配管のオーバーフロー対策として、容量を超えた雨水を一時的に貯留する大型の貯水槽を設置する計画を進めているところもあります。

そして、気象庁のデータによると、1時間の降水量が50㎜以上の年間発生回数が、ここ10年間でそれ以前より約1・4倍程度増えている事実があります。

排水管が浸水すると、建物の屋内排水が流せなくなり生活に影響を及ぼしますが、実際には室内の排水だけにとどまりません。

実は、建物外部にある雨水排水配管も、最終的には公共下水に接続されていて、下水配管内が冠水すると、建物外部にある雨どいから排水される水の流れにも影響があるのです。

流れに対する影響とは、具体的にいうと下水道管内の水が一杯になっているので、屋上から流れた雨水が縦どいから逆流する現象が発生してしまうのです。

【図表16　雨どいの排水能力を超える雨量で逆流すると防水層のウラ側に雨水が流れ込む】

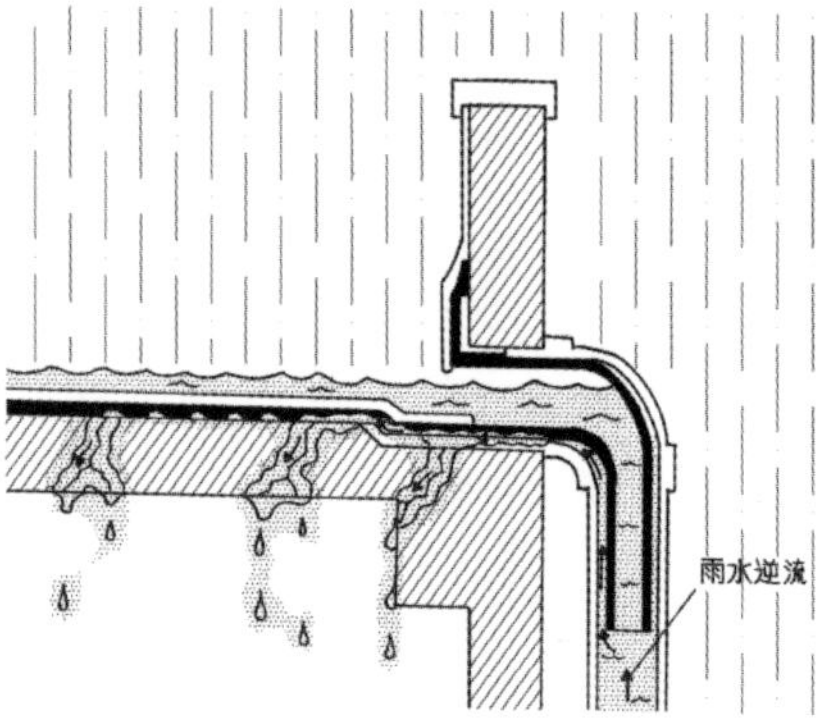

防水修繕工事の弱点

雨どい内の雨水が逆流しても、一時的に陸屋根の雨水の流れに影響が出る程度と普通は考えることでしょう。

ところが、現在の防水修繕工事で使われている改修用ドレンは、既存雨どいより一回り小さい配管をその中に差し入れて排水する構造となっています。

そのため、既存雨どいパイプと改修用ドレンパイプの間

【図表 17　雨どいの形状やルートも雨水逆流に関係する】

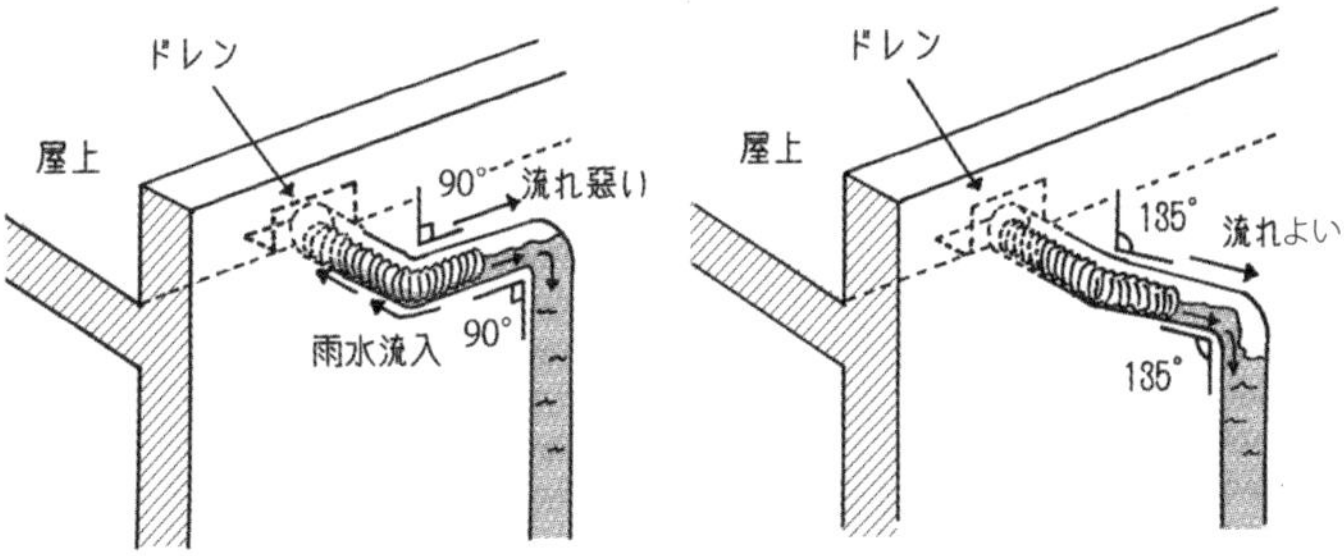

には隙間があり、上から下に流れ出る雨水には有効ですが、下から上に対しての水の流れを止める効果は備わっていません。大雨により下水配管への排水が妨害され、雨どい内の雨水が上から下へではなく下から上方向へ逆流すると、修繕した防水層の裏側に雨水が流入してしまうのです。

防水修繕工事においては、既存の防水層を取らずに残した状態の上に修繕防水をする場合と、既存防水層を撤去してから防水修繕をする２通りの方法があります。

仮に、修繕防水層の下に何も防水層がない、またはあるけれども防水機能がなかった場合には、当たり前ですが建物直下には雨漏りし、それも本来であれば屋上面すべてで受けた雨水が大量に入ってしまい、とんでもない量の水が室内に入ってしまうことになるのです。

また、雨どい内で雨水が逆流する現象は、公共下水配管内の水量に関係することなく、建物に設置されている縦どいの形状ルートや設置状態にも関係します。

建物形状に合わせて縦どいも横引きルートで接続するなどの、雨水の流れが低下する複雑な形としている場合においても、同様に屋上から流入する雨水の流れを阻害し、逆流する事例も発生しています。

そのような場合には、流れやすい角度に雨どいルートを変更するなどの対策がとても有効になります。さらに、ドレン部からいきなり横引き配管としているケースでも、流れを阻害するだけではなく、改修用ドレンのホースと、とい配管の隙間から、簡単に修繕防水層の下部に雨水が逆流して流入する可能性があるので、角度を変えて下向きにするメリットがあります。

このようなリスクは、今までの気象状況下においてはあまり考える必要がありませんでしたが、近年頻繁に発生する暴風雨やゲリラ豪雨を考えると、それらに対する建物としての防御態勢も必要となっています。

実際に、これらの事象は、年に数回ではありますが、原因不明の雨漏りとしてマンションの建物所有者や管理会社から、相談を受ける機会が増えています。

今までの認識では、この雨どい内の逆流で修繕防水層の裏側に雨水が流れ入ることなど、想像すらできませんでした。

こうなる前は、防水メーカーの工事仕様に沿って、適正な下地処理や工法で工事をすることで、多くの建物は防水性能を取り戻し、建物修繕を完成させていたことでしょう。

ところが、限られた気象状況下のみだからといっても、年に数回は発生するかもしれないリスクをわかっていながら、対策をせずに防水修繕として完成させることに問題はないのでしょうか。

今後、このような事例による雨漏りの原因が明確になれば、施工上の責任問題へと発展することも考えられるでしょう。

２０２０年４月１日に施行された１２４年ぶりの民法改正では、建物修繕に関しても影響があり、瑕疵からの契約不適合責任となる施工ミスへの対応の変化が出ています。

つまり、瑕疵担保責任から契約不適合責任に変わったことで、より施工者の責任の期間や条件が厳しくなりました。

契約内容と不適合な工事をすれば、工事請負者の責任が問われます。

また、同様に設計者や監理者の設計監理責任が問われる可能性もあります。

逆流を防止する漏水防止型ドレン

今後は、大雨による雨水逆流から建物の防水性能を保つために開発された、逆流した雨水の流入を止めることができる新開発の「漏水防水型ドレン」が必然となると思います。

建物修繕においては、表面からは見えない内部で発生している、または発生する可能性がある不具合を、建物造りの構造をよく知り、様々な自然環境下においても影響を最小化し、それら災害へのリスク対策をすることが大切です。

今までであれば、観測史上初めての異常気象ということで、施工の問題ではなく特別な気象状況のせいにしてきた事象でしたが、今後は、そのイレギュラーといわれていた非常識が常識となり、不要とされていた機能は当たり前に必要となっていくことでしょう。

おわりに

本書では、現在建築されている建物が、近年増加した暴風雨によって雨水が侵入することへの予防対策や建物の弱点について、日本古来の建築物から学ぶ点が多々あることを書かせていただきました。私は、今回の執筆に当たり、なぜ現存する日本古来の建造物が何百年もの歳月を超えて維持されているのだろうと考えました。

歴史的な建造物だから？　国の重要文化財としているから？　当然そういう理由はあるとしても、それは、維持された建物造りに対する技術や造り方に特徴があったからだと思います。

そして、建物修繕をする上では、それらの建物に多くを学ぶ必要があると感じています。

その時代の権力争いや、仏教などの思想や生活様式まで知ることはできますが、それは資料であったり書物であったりと多くは無形な資産として伝えられた情報であり、実際に見ることはできません。

ところが、建物は、現在でもその姿が実物として残され、私たち一般の者が現実に見ることができます。私も実在する歴史的建造物を見ることで、多くの発見や気づきを得て、実際の建物修繕における考え方や暴風雨に対するリスク対策の工夫をしてきました。また、その多くの利点を本書によって多くの方々が知ることで、今後の建物維持へのヒントになってもらえたらと思っています。

これまでは、建物修繕を考える際の材料や工法の条件として、費用的な面はもちろんですが、材料性能や耐久性を重視する考えに基づいて判断をしていたことと思います。それが誤っているわけ

おわりに

ではありませんが、今後は変化した気象状況に適した、材料性能だけに頼らない防御性能を付け加える必要性が出てきたのです。不要と思われていた備えが必要となり、建物修繕をする上での常識として取り入れられていくでしょう。

しかし、まだこのような考え方を持って自分の家の維持管理をしている方は少ないと思います。でも、今までは大丈夫だったことが、これから先も大丈夫である保証などありません。

本書に書かせていただいた内容は、私が実際に、原因がわからない建物に発生している、様々な不具合の調査や修繕方法に向き合ってきた結果辿り着いた事実です。

そして、日本古来の歴史的建物に維持されている考え方を置き去りにするのではなく、新たな建築技術の進化に取り入れるべきだと思っています。

建物を長持ちさせる考え方の原点は、過去も現在も未来も変わりません。様々な建物性能が上がったことで忘れかけていたのが建物そのものの防水性能でした。

40年という長きに渡り建築の仕事をする中で、日本古来の建築物によって、多くの建物建築の先人の知恵を知ることができたことをとても嬉しく思います。

このような出版の機会をいただいたことで、建物修繕をする上での大切さを改めて考えるきっかけとなりましたことを心より感謝しています。

本書により、皆様が、建物の暴風雨対策への備えをしっかりされていくことを心から願っています。

大塚　義久

著者略歴

大塚　義久（おおつか　よしひさ）

株式会社 スマイルユウ 代表取締役。

建設会社に就職し、新築工事、改修工事に 22 年間従事。

その後、修繕会社を設立し、修繕工事に 18 年間、新築と改修建築に 40 年間携わり、累計 2000 以上の建物調査の実績。

資格は、一級建築士、一級建築施工管理技士、二級土木施工管理技士、宅地建物取引主任士。

目に見えない構造まで考えた屋根防水と外壁改修で建物の寿命を延ばす工事、鉄骨・鉄筋コンクリート造改修工事コンサルティング、計画指導、技術支援、事業立上げなどの実績も保有。新開発の漏水防止型ドレンについては、大雨でも雨漏りさせない仕組みを開発し、特許取得。

著書には、『鉄骨と鉄筋コンクリート造の建物修繕がわかる本』（セルバ出版刊）などがある。

・『建物の専門家が行う安心の屋根防水』 https://www.smileyou-bosui.com/

・『建物の構造まで考えて家を健康にする外壁塗装』
　https://www.smileyou-gaiheki.com/

・『こつこつ貯めた 1 円も大切にしたリフォーム』 https://www.smileyou-r.com/

・『建築リフォーム研究所』メール講座　http://reform-trouble.com/

イラスト：長田　宜郎

暴風雨の雨水浸入から建物を守る本

2021 年 9 月 1 日 初版発行　　2021 年 10 月 20 日 第 2 刷発行

著　者　大塚　義久　© Yoshihisa Otsuka

発行人　森　　忠順

発行所　株式会社 セルバ出版
〒 113-0034
東京都文京区湯島 1 丁目 12 番 6 号 高関ビル 5 B
☎ 03（5812）1178　　FAX 03（5812）1188
http://www.seluba.co.jp/

発　売　株式会社 三省堂書店／創英社
〒 101-0051
東京都千代田区神田神保町 1 丁目 1 番地
☎ 03（3291）2295　　FAX 03（3292）7687

印刷・製本　株式会社 丸井工文社

Printed in JAPAN
ISBN 978-4-86367-691-6